JN142220

1日100回ありがとう

自分を大切に、人を大切に、地球を大切に

川初正人
南サンフランシスコ金光教
布教所センター長

風雲舎

（オマージュ）
私心のない、まっすぐな道

江田 道孝

著者・川初正人氏と金光教学院で初めて会ってから、およそ五二年の月日が流れました。金光教学院とは、金光教の教師を養成する学校です。私が講師として務めていた金光教学院に、彼が入学考査を受けに来たのです。私はそのときの面接職員の一人でした。海上自衛官上がりの二〇歳の若者を、私は少々不安な気持ちで見ていました。もともとがっちりした大きな身体は自衛隊で鍛え上げられ堂々としています。しかし、ここでの修行は身体を鍛えるのとはわけが違います。規則を守りながらも、それ以上に神に向かっての心の在り方、生き方が問われるのです。案じていたとおり、彼は入学してすぐに体調を壊し大病を患い、一年間の学院生活のおよそ半分は寝たり起きたりの生活をしていました。

その彼がなんとか卒業してから一年後、講師のアシスタントとして金光教学院に勤めることになりました。彼は熱心に、求道的に修行していました。最初会ったときの、少し緊張した頑なな態度はすっかり影をひそめ、学院生と一緒になって懸命に修行に励み、さらには自分で修行課題を設定してはそれを実行していました。学院生時代に死をも意識するような大病をした彼は、必死の祈りによって、両親、先祖そして教祖を通して天地宇宙の神から、絶対の愛と祈りを一身に受けていたことを知ったのです。それを無視し続けた自分を恥じ入りました。「生涯かけて信心しても、返すことのできない大借金を天地の神に背負っている」と思ったそうです。これまでの在り方をお詫びし、大反省した彼は生まれ変わったように神にまっすぐに、私心なく、信心するようになりました。それまでの自分を洗い流し、神と共に歩む新たな世界が開けたのです。

アシスタントになった彼とはすぐに意気投合しました。私は彼よりも一〇歳以上年上ですが、素直に神の道に精進する彼から学ぶことはたくさんありました。彼は元来実直で真面目な男です。私はそんな彼に、冗談でよく茶々を入れたものです。真面目に取り組む彼にいたずらを仕かけるのが愉快だったのです。町内の道路掃除をする際、彼がホウキで掃いたあとに、わざとポケットからゴミを落として、「ここにもまだゴミが落ちているぞ」と言っては、彼を困らせるというようなことをして楽しんでいました。

（オマージュ）


ある日こんなことがありました。

学院生は、教主金光様が一日のお勤めを終えられてお退《ひ》け（お帰り）になるとき、お見送りをします。彼も毎日、お出迎えとお見送りを欠かしませんでした。そこで私はわざと水を差し、「川初君。ピンポンをやろう」と、お見送りの時間前にそう持ちかけたのです。たぶん断るだろうと思っていました。ところが、一瞬の間合いはありましたが、彼は「卓球ですか。やりましょう」と潔く受けて立ったのです。

卓球場へ行き、ラケットを手に二人で卓球を始めました。彼は運動神経がよく、卓球もとても上手でした。私は幼稚な仕草で「ヨイショ！」だの「コラショ！」だのと言いながら応戦していたのですが、彼は私の球に合わせながら声をかけ始めました。「いきがみこんこうだいじんさま。ありがとうございます。いきがみこんこうだいじんさま。ありがとうございます！」。一球一球打つごとにそう唱えるのです。だんだん熱が入ってきます。「いきがみこんこうだいじんさま」とは金光教の教祖、生神金光大神様のことです。

「なんというまっすぐな男だろう」。どこまでも一途なその信心に、私は感銘を受けました。朝起きたとき、食事のとき、トイレに行くとき、歩いているとき、人と話をしているとき――いついかなるときでも心を神様のほうに向け、お導きをいただき、神様と共にある生活実践という彼の生き方は、すでに始まっていました。

彼のかけ声に、何か突き動かされるようなものを感じ、私も彼同様に「いきがみこんこうだいじんさま。ありがとうございます！」と唱えて打ち返していました。皆が教主金光様をお見送りに行っている間、卓球場が御神号と「ありがとうございます」奉唱の場となったのでした。

およそ三年ほど共に学院で勤めたのち、彼は遠くサンフランシスコへ金光教布教のために旅立っていきました。

あれから約五〇年。実直で、一筋にして天衣無縫。彼ほど我を克服している人はそう多くはいないでしょう。神に向かってまっすぐに姿勢を正し、信じた道を一歩一歩前進する姿に、私も刺激を受けてきました。彼は高遠な宗教思想を振りかざす宗教者でもなければ、高いところから説く説教師でもありません。普通の人間として人生を生き、金光教という道のもと、感謝する心を磨いていきました。彼の言葉は自身の体験に根ざし、人知れず流した涙に裏打ちされたものです。

彼の人生はまさしく、「ありがとう」に導かれた人生でした。二〇年前、「一日一〇〇回ありがとう」という実践を始めてから、それが一日千回、さらには一日一万回、「ありがとう」をひたすら唱え続けてきた彼の姿を知る者として、「ありがとう道」という新しい「道」を開こうとする彼の思いは、単なる思い付きではなく、これまでの人生の歩みの中で確かに実証されたものです。「ありがとう道」は宗派意識を超え、民族を超え、地球上のすべての人が実践、実行できる「道」であると私も信じています。

渡米し、知らない土地での生活、布教活動、結婚、そして離婚。思いもよらない形で訪れた身内の死。数々の難儀を体験するごとに、それらに背を向けず、力強く向き合い、感謝の気持ちと共に求道していく彼は、そのたびに神からの宿題に答えていきました。海上自衛隊で世界一周遠洋航海を前にした幽体離脱のような体験。そこで見た自分の末路は、大いなる神の、救済者としての彼への覚醒への促しであり、神からの試練であったと思います。神の期待が注がれていたとしか思われません。彼が出会ったたくさんの方々もまた、神からのお差し向けであったのでしょう。

彼は自らが感じた痛みにより、他者へ共感する力を養っていきました。地球の痛みさえわがことのように感じ、今や地球救済という大きな目標のために奔走しています。自宅のあるサンフランシスコで自発的にゴミ拾いをしていた彼は、市から表彰を受け、今サンフランシスコの掃除大臣と言われています。

「世間には多くの難儀な者がおる。どうか、取り次ぎ、助けてやってくれ。そうすれば、神も助かり、人も立ち行くことになる」

これは金光教祖様が天地金乃神《てんちかねのかみ》からいただいたお言葉です。

金光教の教えは、人を助けずにはおれない神と、助かりを求める人とが互いに助かっていく世を顕現していく道です。他人の幸せをわがことのように喜び、難儀に寄り添う。人を助けることが神を助けていくことにもなります。それが神の願いでもあるのです。

川初氏はこう言います。

「およそ三八億年前に天地は地球上に一つの生命を生み出し絶対の愛を与えた。その限りない愛に気付き、感謝し、『ありがとう』という心をすべての人が磨いていくことができれば、人間一人ひとりが変わり、世界も変わる。『ありがとう』の言葉一つがあるかないかで、幸にも不幸にもなるのではないだろうか」

彼は世界が「ありがとう」によって変わっていくことを願い、それを祈って実行しています。金光教教師として、そして一人の人間として「ありがとう」の言葉が放つ未知の力を、自らの実践を通して人々に伝えています。

著者の親愛に満ちた温かい言葉が、読者の皆様の心に届きますようにと願ってやみません。私も及ばずながら、彼と共にこれからの地球と人々に希望の光を掲げていくことができたらと願っております。（こうだ・みちたか　金光教学院元講師）

『1日100回ありがとう』……〈目次〉

第六章　生死一如……179

装丁…………山口　真理子
装画…………ベータースタジオ

（はじめに）
自分の臨終の姿を見た

一九六六（昭和四一）年一〇月。

あこがれの海上自衛官になって二年目、二〇歳のときです。私は世界一周航海の乗組員に抜擢され興奮していました。いよいよ世界一周航海に向けて出港する前日のことです。どれだけ夢見てきたことでしょう。これから始まる大冒険を前に、胸中はいやが上にも高まっていました。

同僚数名が出航祝いとして、神戸の街に飲みに行こうと誘ってくれました。それまで積もったあれこれの鬱屈も吹き飛び、宴ははずみ、意気は上がり、深更まで騒ぎは続きました。仲間の祝福を受け、誇らしさでいっぱいでした。

鬱屈していたのは両親のこととわが身を取り巻く環境のことでした。

両親は金光教という宗教団体の教会の教師です。神に祈りを捧げ、昼夜を問わず他人のために祈り、相談に来た方たちと日がな一日会話して、あげくは、とことん貧乏な暮らしです。そんな両親と貧しい環境から一刻も早く自由になりたい。若かった私の願いは切実でした。狭い世界に飽き飽きしていたのです。

一八歳で海上自衛隊呉教育隊に入隊し、一年後、神戸の基地隊に配属。この秋ようやく念願かなって遠洋航海の乗組員に選ばれたのです。その数わずか数百名。何万人といる海上自衛官の中から選ばれたのですから、大変名誉なことでした。さあ行くぞ。遠洋航海に出て、この目で世界中の国々を見て回るぞ。大いに張り切っていました。

宴を終え、少々酔いもあって、いい気分です。仲間はどこかに消えたようです。ふらふら一人艦艇に向けて帰る途中、神戸タワーの前にさしかかり、夜空を見上げると、無数の星がキラキラ輝いています。お月さまも微笑みかけるように、青白く優しい光で地上を照らしています。

「なんと美しい夜空だろう……」

しばらく見とれていました。

突然、ガガーンというものすごい衝撃が私の身体を襲いました。雷に打たれたように、脳天からつま先まで電気が走り抜けたようです。その衝撃と共に私は一気に地中に引きずり込まれました。不思議なことに、身体だけは神戸タワーの下にあり、寒さで小刻みに震えています。意識は地中の真っ暗闇に呑まれ、何が起こったのかわけもわからず懸命にもがいていました。重力は感じられず、どちらが上なのかもわかりません。

いったいここはどこだ？　上も下も、前も後ろもなく、自分が何者なのか、それすらもわからなくなっていました。意識だけははっきりしていますが、暗闇が永遠に続くばかり。その果てしなさに恐れおののき、どうすることもできず、ただ必死に自分を探していました。とそのとき私の意識に、生まれてから今日までの二〇年間が、まるで映画のように鮮明に見えてきたのです。

最初、わが家でした。金光教の布教活動をしていた両親は日夜信者の対応に追われています。家族七人。貧しい生活です。子どもたちも労働に追われています。そんな中、私は勉強はもちろんスポーツにも積極的に取り組み、高校では柔道部に入り、勉強と両立させながら身体を鍛えました。

ある日、海上自衛官となった柔道部の先輩が学校にやってきました。海上自衛隊の遠洋航海で諸外国を訪問してきたと言います。その体験を意気揚々と語り、「きみも海上自衛官になり、世界一周航海に行くべきだ」と檄《げき》を飛ばしました。尊敬する先輩として、彼のようになりたいと思っていたのです。その先輩から、海上自衛官になって遠洋航海に行くべきだと勧められた私は、一層勉強にも柔道にも熱が入りました。

家に帰ると、教会の片隅に座り、一日中信者の人々と話している父の姿があります。「なんと陰気な生き方だろう。あんな風にはなりたくない。いつか必ず教会からも両親からも自由になって世界に飛び出したい。そのためにしっかり勉強し、身体を鍛え、海上自衛官を目指そう」。それが希望でした。

念願の海上自衛官になってからは、人並み以上に厳しい訓練でわが身を鍛え、遠洋航海の乗組員の座を勝ち取りました。学んだ知識と鍛えた身体が今の自分の姿を形作っている。自由と誇らしさ。なにより希望に満ちた、世界一周航海を明日に控えた自分の姿が、大きなスクリーンに映し出されていました。

突然、場面が変わりました。映し出されたのは、なんと自分の臨終の姿でした。今まさに息を引き取り、魂が肉体を離れようとしています。私の魂は、これまでの自分の生涯を顧みていました。なんと、その胸中は後悔の念でいっぱいです。

「長い人生を終え、いま肉体を離れてみて、私はこの人生でいったい何を学んだのだろう。どんな成果を残したのだろう。あの世にどんな土産を持って帰ることができるのだろう。

魂となった私にどんな価値があるのだろう。無だ。ゼロだ。虚しい」

底知れない虚しさが永遠に続いていくような気がして、恐怖でした。

さらに場面が変わりました。

大勢の人がとぼとぼ同じ方向に向かって歩いています。いろいろな人種が入り混じって長い行列をつくり、あとからあとからみんな重い足を引きずりながら歩いています。

お金やモノの欲望のまま生きてきた結果、肉体を離れ、魂となったときに初めて、本来の生きる目的を見失っていたことに気付いた人たちです。その姿は、人生の行きつく先を私に見せているのでした。

ここは地球のはずですが、太陽はすすけ、空はどんより曇っています。太陽の光は地上に届いてはいません。視界は色の抜けた写真のようにぼやけ、すべてが茶褐色のフィルムで覆われているようです。限りある資源を搾取し続けた人類は、自分たちの手でこの地球を住めなくしてしまったのです。水も、緑も見えません。

向こうには断崖絶壁があります。絶壁の下は深くて覗き見ることもできません。真っ暗な闇が大きな口を開けています。人々はまっすぐその断崖絶壁まで歩いてきては、次々と底知れぬ暗闇に落ちていきます。みんな絶望しています。逃げ出す者もいません。落ちていくしか道はないのです。凄まじい光景でした。これが地獄というものでしょうか。衝撃的な光景に目をそむけたくなったとき、声が聞こえました。

「生きとし生けるものには、すべて終わりがある。例外はない……」

誰ともわからないその声に、私は思わず問いかけました。

「……そうです。それはわかります。……ですが、このような形で終わるしかないのでしょうか」

声はこう続けました。

「お前もこのとおりになりたいか？」

さっき見た自分の臨終の姿を思い返していました。絶望し、自分を恥じ入り、神様に顔向けできない私は、光に背を向けて、うつむき、とぼとぼと真っ暗な闇の中に落ちていくしかないのでしょうか。断崖絶壁から落ちていく無数の人間たちと同じように。

なんということでしょう。長い人生の末、肉体を離れた私は、間違った信念を抱いてこの人生を生きてしまったことにようやく気付いたのです。大きなスクリーンにはまた死にゆく自分の姿が映っていました。今まさに肉体を離れた私の後悔の念が、津波のように押し寄せてきます。その波に溺れそうになりながら、私はこう感じました。

「たとえ物質的な成功を手に入れ、名を上げ億万長者になったとして、魂はあの世に何も持って帰れない。最後には何も残らない。虚しく、寂しい思いだけだ。地位や名誉や財産をどれだけ蓄えても、帰るべき神のもとへ一円たりとも持っては帰れない」

もちろんお金もモノも大切です。それがなければ生きてはいけません。家族を養うためにはときには身を粉にして働かなければなりません。人はとかくお金やモノが目的になりがちです。しかし、それは人生の目的ではありません。目的を達成する道具にすぎません。お金やモノが得られれば幸せになれると思い込むあまり、本来の目的を見失ってしまったのでしょうか。大海原に漕ぎ出した船がどこに向かって進むのか、目的地がわからないままでは、ただ闇雲に進んでいくようなものです。いつまでたっても陸地は見えてきません。それほど心細いことがほかにあるでしょうか。

さらにこう感じていました。

「人間の価値はお金やモノや名声で測れるものではない。人間の価値は内側にこそある。これまでの自分を振り返ったら、自分の内なる価値とは何だったのか。いったい何のために生まれてきたのか。どう生きれば、魂は満足するのか。そのために何をすべきか。自分の魂が求めている本当の目的を私はまだ知らない。それを知らなければならない。それを知り、それを達成したい。そうでなければ、大切なこの一生を棒に振ってしまうことになる。

宇宙から見ると、自分の人生なんてほんの一瞬。儚いものにすぎない。でも川初正人として生きるこの人生は二度と繰り返すことはできない尊いものだ。この人生で本当に達成したいことは、億万長者や有名人になることではない。モノの豊かさではない。心の豊かさこそ、自分がこの人生で手に入れたいものだ。この世の、目先の小さな物質的な成功を追い求めている暇などない。この世を終えるときには、満足でいたい。大満足でいたい。胸を張ってあの世に帰りたい」

そう思うと、いてもたってもいられなくなりました。

気が付くと神戸タワーの下、建物の間を吹き抜ける秋風を受けながら、私の身体は硬直したままでした。たったいま体験したことをどう説明したらいいのでしょう。あの声は何者だったのでしょう。何が起こったのでしょう。頭は混乱していました。

しかし見てきたことは生々しく現実的で、人生の一大事だという思いでいっぱいでした。この人生を棒に振るようなことがあってはならない。どうしたらいいか。途方に暮れているとふと、教会の隅に座り、迷った人々と話をしている父の姿、一心に神に祈っているその姿が脳裏をよぎりました。

「そうだ。あそこに解決の糸口があるかもしれない」

直観的にそう思いました。

どんなことにも優先して、自分の人生の目的を思い出さなくてはならない。そのための糸口が見つかるなら、どこにでも行こう、何でもしよう。そう思っていました。

艦艇に帰った私は、遠洋航海を断り、海上自衛官を除隊することを申し出ました。あれほど逃れたかった両親のもとに帰ることにしたのです。

（第一章）両親

焼け野原の水門小屋で

終戦から一年後の一九四六（昭和二一）年九月七日。私は山口県防府市にある小さな水門小屋で生まれました。

戦前、両親は朝鮮半島の平壌《ピョンヤン》から沙里院《シャリイン》の町まであちこちで金光教の布教活動をしていました。終戦と同時に母方の里・防府市に、幼い三人の子どもを連れて引揚げてきたのでした。たどり着いたものの、家々は戦火に焼かれ、あたりは焼け野原でした。やっとのことで水門の番人が寝泊まりする小屋を見つけ、一家はそこで生活を始めました。そこで四番目の子どもとして私が生まれたのです。

もちろん当時のことは記憶にはありませんが、雨風をしのぐのがやっとの掘っ立て小屋だったそうです。家族六人で生活するには狭く不便でしたが、厳しい朝鮮半島での教会生活や敗戦の混乱から解放され、母はほっと安堵したようです。

父は帰国後、家族を養うために建設業労働者としての仕事を始めたのですが、すぐに身体を壊してしまいました。それまで熱心に金光教の教会で神に仕えてきた父は、「この試練は神からの合図である。やはり自分には神と人々のお役に立つ使命がある」と信じて、私が生まれるとすぐに単身、瀬戸内海の中島《なかじま》（現・愛媛県松山市）という島に渡り、無一物から布教活動を始めました。当時人口一万人ぐらいの島で、金光教という宗教を知る者はいませんでした。何もかも一からの出発でした。

一家の主がいなくなり、母は一人で四人の子どもを育てなければならなくなりました。食うためだけではありません。母の胸中には、金光教の布教という、父に劣らない意志が燃えていました。母は父の住む中島へ合流するまでの数年間、それこそ死に物狂いで働き、私たちを育てました。

金光教とのご縁で結ばれた両親

戦中戦後と、激動の時代を生き抜いてきた両親は、どんなに辛い目にあってもそれを乗り越えて生きてきました。そこには強い信仰心があり、小さなことにも感謝を忘れない心があったからだと思います。

父の川初正信《かわはつまさのぶ》は、石川県の川尻《かわじり》という小さな村に生まれました。川初家はもともと侍の家系でしたが、明治維新後、父の祖父・孫七は農家の養子になったそうです。

孫七の子ども、つまり父の父である孫太郎と、父の母・松は、朝鮮半島に渡り川初組という土木建築造船会社の請負会社を始めました。五〇名あまりの職人を雇って比較的裕福な生活をしていたようです。恵まれて育った父でしたが、事業の失敗で川初組が倒産して、食うや食わずの生活になりました。一時は一家で開拓農民として北海道に赴きましたが、暮らし向きは良くはならず、結局また朝鮮半島に戻ったのです。

父は絵を描くことが好きで、絵描きになることを夢見ていました。しかしそれでは食べてはいけず、絵の才能を生かし写真館を始めました。当時カメラを持つ者はほとんどいなかったため、けっこう繁盛したようです。軌道に乗り、生活も落ち着きかけたのも束の間、二八歳のとき、病に倒れました。肺結核でした。当時の結核は不治の病です。有効な手立てもないまま、日に日に衰弱していきます。そのとき、母・松が金光教を知り、息子の命が助かりますようにと教会に駆け込んだのです。川初家が金光教を信仰するようになったきっかけでした。

父の病状は末期で、誰の目にも回復の見込みはないように思われました。父もすでに死を覚悟していました。しかし、わが子のために一心に神様にすがっている母を見て、父はこう思ったそうです。

「もし私が死んでしまえば、母の悲しみはいかばかりか計り知れない。これほどの親不孝はない。死ななければならない運命にあるとしても、もしもこの世に神が存在するなら、母のために私の命を助けてください。どうか、母のために私を死なせないでください」

父は床の中で、母がすがるその神様に必死に祈りました。これまで神に祈ったことなどありません。自分のためではなく母のために、生まれて初めて、心からお祈りしたのです。

数日後、激しいのどの渇きで目が覚めました。あまりにのどが渇くため、枕元にあったやかんの水をどんどん飲み干していました。医者から水を飲むことを禁じられていて、口をすすぐ程度しか許されていなかったのです。

しばらくすると、大便がしたくなりました。なんとか這って便所にたどり着きました。出るは出るは、バケツ半杯ほど出たのです。嘘のように身体が軽くなり、その夜は久しぶりに良く眠れました。翌朝、目覚めると気分は爽快で、力がみなぎっていました。昨日までの身体とは明らかに違います。

このとき父は、この世に神は存在すると確信しました。やせ細った身体もその後二、三週間で回復し、元の健康な身体に戻り、以後、毎日のように金光教の教会にお参りするようになりました。この経験を通じて、父はその後の人生を金光教の神と、自分のように救いを求めている人々のために生きようと決意したのです。その後修行し、金光教の教師となり、やがて平壌から中国国境に近い朝鮮半島の北部の小さな町に赴き、布教活動に努めました。

母

母の梅子は山口県防府市に生まれました。

幼いころ、乳飲み子だった弟が病気になり、医者も匙をなげてしまうほど重篤になりました。そのとき祖母・ユリが金光教の教会にお参りし、弟を助けていただいたのがきっかけで、家族全員が金光教を信仰するようになったそうです。物心ついたときから母は金光教の神様を心の拠りどころとし、神と共に生きてきました。

母は一七歳で上京。地元山口県出身の国会議員宅に奉公していた一九二三（大正一二）年、マグニチュード7・9を記録した関東大震災に遭遇しました。一〇万五〇〇〇人余りが死亡、あるいは行方不明になったと推測されており、一九〇万人が被災したと言われています。
その日、関東地方には折から強風が吹いており、がれきから出た火は密集した家々に燃え広がり、数日間燃え続けました。東京市内総戸数六三万八千棟のうち、約四〇万棟が焼失したと言われています。さらに、液状化による地盤沈下、がけ崩れ、沿岸部では津波が発生し、そこでも多数の死者、行方不明者が出ました。わずかに生き残った人々も、避難生活中に餓死してしまうありさまでした。

幸い奉公先は丘の上にあり、頑丈な邸宅だったので被災は免れたのですが、「東京の町を見下ろすと、町中が火の海で、逃げ惑う人たちが火の海の中で次々となぎ倒されていくのが見えた。まさに地獄絵図のようだった。丘の上からその様子を見守る人々は、口々に神仏へ加護を祈っていた」と、母はときおりそのときのことを思い出していました。凄まじい惨状を目の当たりにした母は、少々のことでは音を上げない辛抱強い人になっていったようです。

その後郷里に戻った母は、金光教の熱心な信者で朝鮮半島在住の叔母に誘われるまま、朝鮮半島に渡りました。大正時代の終わりごろです。母は金光教平壌教会にしばらく滞在し、そこで父と出会い、二人は結婚しました。

それから二人は沙里院という町に布教に行きました。沙里院は現・朝鮮民主主義人民共和国の黄海北道《コウカイホクドウ》の西部にある都市で、首都平壌からは北に一〇〇キロほどのところに位置しています。

金光教には「寄進勧化《きしんかんげ》」をしてはならないという教えがあります。つまり金銭や物品の寄付を強要することや、金光教への信心を強引に勧めてはならないという教えです。寄付を募るとか、会費を集めるとかいうことはなく、無理やり信心を迫るということもありません。真心のお供えは受け取らせていただきます。お参りの方がお礼として神様にお供えするものは受け取らせていただくのです。神様からの「お養い」という考えから、そうした物やお金が教会活動に使われ、生きる糧となります。本部から給料が出るわけではありませんから、それぞれの教会は自給自足です。それでは厳しいので、他に仕事を抱えながら教会を営んでいる方も多くいらっしゃいます。

父は、お気持ちとしていただくお供えだけでやりくりしていました。それ以外の収入はありません。それはもう、死を覚悟して挑まなければなりませんでした。

朝鮮半島では、金光教布教者の多くが、日本人の多い場所で活動するのが常だったようですが、父はあえて日本人の少ない沙里院という町に、小さな家を借りて布教活動を始めました。しかし異国での布教は簡単なことではありません。苦しい生活の中、三人の子どもが生まれ、食べるものにもこと欠く中、母は家の周りに生えている草に少々の米を混ぜ、雑炊にして食べさせていました。そのためでしょうか。母の乳は緑色だったと、姉がそのころのことを思い出して語っていました。

そのうちに手持ちの金もなくなり、父は何度か死を覚悟したそうです。けれどもうだめだというときに、不思議とお供えやお礼があり、窮地を逃れるのでした。ある日、借家を出ていかなくてはならなくなりました。引っ越すお金などありません。そのときも、折よくまとまったお供えがあり、新しい土地に教会まで建てることができたのでした。こうして一九三四（昭和九）年、沙里院で始めた布教は終戦までの一一年間続きました。

日本の敗戦に伴い、家族五人、引揚げなければならなくなりました。そのとき長兄信行は一〇歳、次兄隆雄は七歳、姉昭代三歳。一家は命がけで日本を目指しました。煎《い》ったもち米を少しずつ食べながらなんとかしのぎました。二〇〇名あまりの日本人と一緒でしたが、途上、何人もの人が飢えで亡くなりました。数か月がかりでやっと三八度線までたどり着くと、待っていたのはさらに厳しい現実でした。お金、貴重品などは取り上げられ、さらには男女、子どもが別々に分けられ、家族はバラバラになってしまいました。

幼い子どもたちと引き離され、両親は金光教の神に命がけの祈りを捧げました。そんな

父 87 歳。母 77 歳のとき（1988 年 11 月）。

厳しい状況の中、またも神様の不思議な導きがありました。家族全員再び合流することができ、やっと日本に帰り着くことができました。

多くの引揚者が、日本の地を踏むことのないまま途中で命を落としました。そのような中、幼子を連れて一家は無事、母の郷里に帰り着いたのです。母は心底安堵したことでしょう。掘っ立て小屋のような水門小屋でも、家族五人にとっては憩いのわが家。世の中は極度の混沌を深めていましたが、家族全員が一つ屋根の下で生活できるのです。

母は、あまりに過酷だった朝鮮半島での布教活動から解放されて、少々ほっとしていたようです。これで普通の生活ができると思っていました。

母の信仰心は厚く、神への信頼は人一倍でしたが、朝鮮半島での布教活動は困難を極め、日本の宗教はなかなか理解してもらえませんでした。日本の宗教に限らず、神様の存在を人々に伝えるのは容易ではなく、目に見えない存在を肯定してもらうことが最初の一歩です。大根を手に「これはいかがですか?」という具合にはいきません。大根は現実におなかを満たしてくれます。人々が大根に対して代価を払うのは当然です。心を満たしてくれるはずの信仰は空気のようで目には見えません。異国でそれを伝える作業はまったくの手探りで、先への見通しのつかない毎日でした。

父が単身瀬戸内海の中島に渡ってからは、母は女手一つで子どもを抱え、少々の野菜を売って細々と生活していましたが、野菜は確実にお金に変わり、おなかも満たしてくれました。一般の人々はこのようにモノを作りそれを売って生活しているんだと、母は世の中の暮らしぶりを興味深く思っていたかもしれません。

一心に祈れば、必ず神は聞いてくださる

金光教とご縁をいただいたのは、両親にとって必然ともいえるめぐり合わせでした。父と母はそれぞれ神の存在を自らの体験から確信していったのです。戦後の混乱の中、四番目の子どもが生まれたというのに、父は遠く離れた瀬戸内海の小さな島に単身布教に行きました。使命感に燃えていたのです。送り出した母もまた、金光教の布教に強い使命を感じていました。

四人の子どもを抱えて、母は一人で奔走しました。農家から食べ物を買い、小さな荷車に乗せて行商し、日々の糧を得ていたのです。幼い私の面倒を見るのは、兄や姉の仕事でした。とはいえ、兄姉もまだ遊びたい盛りです。私が寝ている間に遊びに行き、弟のことなどすっかり忘れて夢中で遊んでいる間に、起きだした私が家を出て大騒ぎになったことがあったそうです。二歳ごろの話でしょう。おぼつかない足でうろうろしていても、かまってくれる人もなかったようです。裸ん坊の私をおまわりさんが見つけて連れ帰ってくれ

たときは、おむつは消え、何も身に着けていなかったそうです。母は気が気でなかったでしょう。

母のもう一つの仕事は、水門小屋の門の開け閉めでした。水門は海と水田の間にあり、潮の満ち引きに応じて門を開けたり閉めたりするのです。タイミングを間違うと海水が水田に流れ込んでしまいます。水を調整する重要な仕事でした。気を許すと大変なことになってしまいます。以前、ある番人は、誤って海水を水田に入れてしまい、一帯の稲をすべて枯らしたこともあったそうです。

母も同じ失敗をしてしまいました。門を閉めるのを忘れ、水田に海水を入れてしまったのです。昼も夜も働き詰めだった母が、一瞬気を許してしまったのでしょう。大ごとになり、子ども四人を抱えてこの小屋を追い出されては行く当てもありません。母はそれから毎日、金光教の教会からお神酒を分けてもらい、数滴水田に垂らし、そこに座り込み必死に祈りました。

「どうか、稲が枯れませんように……」

稲は無事でした。何ごともなく済みました。

母はそのときのことをよく私たちに話して聞かせました。

「真剣に、一心に祈れば、必ず神様は聞いてくださり、助けてくださる」

こんなこともありました。

あるとき、すぐ上の兄・隆雄が海岸でオコゼを踏みつけてしまいました。オコゼは背びれに強力な毒を持っています。裸足で踏みつけてしまったせいで足は大きく膨れ上がりました。母はすぐに隆雄を病院に連れていきました。医者は一目見るなり、「切り落とさなければ命はないでしょう」と言いました。真っ青になった母は、「お金がありません。どうしたらいいでしょう」と事情を話すと、医者は、今すぐ市役所に行ってお金を支給してもらいなさいと返したそうです。

病院を出た母は、市役所ではなく、一番上の兄・信行と共にまっすぐ教会に行きました。神前で母は「このときこそ、神の本当の力を見せてください」と祈り、「隆雄が助かるために命がけの信心をします」と固く心に誓いました。

それから毎日、朝、昼、夕方、夜と教会に行き、一心にお参りしました。歩いているとき、働いているとき、寝ているとき、夢の中でも、一心に祈り続けたのです。隆雄の足の腫れはその間に少しずつ小さくなり、数日後、何ごともなかったようにすっかり良くなりました。足を切断しなければ命はないと言った医者は、キツネにつままれたように頭をひねっていたそうです。母の信仰心はこうして強固になっていきました。

数年後、家族は父のいる中島に合流しました。母も再び布教活動に復帰し、いただいたものでやりくりをし、一生涯かけて父の活動を支えたのです。あの母ほど、神にまっすぐな心で生きた人間を私は知りません。

のどかな子ども時代

父のいる瀬戸内海の中島に一家が移り住んだのは、私が四歳のときでした。ようやく父の仕事も落ち着いてきたのです。私が生まれてからまもなく、父は金光教を知る人もいないこの中島に渡り一から布教を始めたのですが、金光教の教えで自分自身が助かったことなどを伝えるうちに、だんだん人々が集まり、信者も増えていきました。家族を迎える準備ができたのです。はじめは家を借りて布教活動をしていた父ですが、家族と合流すると近くに土地と小さな家を買い、念願の教会を建てました。ほどなく弟の光一も生まれ、家族は七人になりました。

中島は瀬戸内海の忽那《くつな》諸島の中の一番大きい島で、当時人口は一万二千人ほどでした。小、中学校はもちろん高校もありました。交番も映画館もある比較的大きな町でしたが、中心地を除くと、みかんと漁業が主な産業という大自然の中ののどかなところです。私はそこで子ども時代を過ごしました。

教会にはいつもたくさんの信者さんが詰めかけていました。私たち五人の子どももそんな両親のもとで金光教の教義と共に育てられたわけですが、私は子ども心にはそれがどういうことなのかわかってはいませんでした。窮屈な教義に縛られているような気がして、何ごとであれ、両親に対しても反発していたものです。

毎日学校に行く前と帰ったとき、神様の前であいさつしなさいと言われました。しないと怒られるので、形ばかり神様の前に座っていました。両親は一日中信者さんと話をしていて、外に働きに行くわけでもありません。わが家はどうして普通の家と違うのだろうと感じていました。人が多く出入りするわが家にはプライバシーというものはなく、くつろぐこともできず、自由まで束縛されているようで、よその家を羨ましく思っていたものです。

その一方、戦後間もないころですから、「日本には神風が吹いて、戦争に勝つと信じていたのに、戦争に負けた日本には結局、神も仏もなかったではないか」という風潮が色濃く漂っていました。教会の息子である私は肩身の狭い思いをしていました。なんとなく両親の仕事を肯定することができず、そのことを隠しておきたいと思っていたのです。

そんな子ども時代でしたが、学校では伸び伸びと興味の赴くままにいろいろなことに挑戦しました。小学校は一クラス四五人という大所帯でした。詩を書くのが好きで、よくノートに勝手に書いていたものです。「詩を書く」という宿題で自作の詩を提出したところ、担任の先生から、どこかの本から引用したのだろうと言われ、そのひと言にひどく傷つきました。正当に評価してもらえれば、詩人を目指していたかもしれません。絵を描くのも好きでした。画家志望の父の影響でしょうか。時々学校の壁に自分の絵が張り出されると、誇らしい気持ちになったものです。

毎日外で友だちと遅くなるまで遊びました。そのころはテレビもゲームもない時代ですから、空き缶一つで何時間でも缶蹴りです。

夏になると近くの海岸に友だちと泳ぎに行きました。泳げない私を誰かが後ろから蹴飛ばして、海に放り込みました。溺れそうになっている私を見て皆拍手喝采です。荒療治でしたが、だんだん泳げるようになりました。

ある日、島で唯一の映画館に入ってみようということになりました。ガキ大将率いる数人のグループです。小遣いなど持っていないので誰一人中に入ったことがありません。映画館がどのようなものなのかも誰も知らないのです。全員で突っ込んでいって逃げ切ろうという作戦です。一斉に入り込んだものの、小さく、足も遅かった私だけが首根っこを捕まえられ、追い出されました。いたずら、わんぱくもひととおりやってみました。

中学生になると、三〇分ほどかけて自転車通学です。小学生時代には比較的背の高いほうだったのですが、中学になるとほかの連中がグングン伸びて、私の背丈を追い抜いていきました。体つきの大きくなった者が私をいじめるようになりました。ときには何の理由もなく殴られたり、面白がって私の自転車のタイヤをパンクさせたりします。しかたなく自転車を押して帰ることになります。ある日、いじめられて泣きながら帰ると、「泣きながら家に帰るな！」と母に怒鳴られました。ひどい母親だと思ったものです。以来、母に泣き顔を見せるわけにはいかず、何があっても平気な顔で家に帰宅するようになりました。強くなって、いつかいじめた奴らを見返してやろうと柔道部に入部したのはそのためです。

ところが、あまりにも厳しい練習に付いていけません。同時入部の新入生も次々に辞めていきます。私ももう付いていけない、辞めようと思い、学校が終わると逃げるように家に帰りました。しばらくすると柔道部の先輩が「正人はおるか」と家にやってきて母に私の居所を聞くのです。母はこともなげに「正人なら二階にいるよ」と告げ、先輩は二階の押し入れに隠れていた私を見つけました。母は黙って成り行きを見ています。そのまま道場に連れていかれました。

以後すっかり観念して、柔道の練習に励み、三年生では主将となりました。背もグングンと伸び一メートル八二センチになりました。いじめる者はいなくなり、自信が持てるようになりました。あれから五〇年以上経ちますが、今でも武道の道を精進中です。

教会はいつも信者さんでいっぱいでしたが、暮らしぶりは相変わらずで、生活は楽ではありません。食べていくために、子どもたちはみんな働きました。日曜日には決まって、一日かけて山にスクズと小枝採りです。スクズとは松の葉です。それを燃料として、ご飯を炊き風呂を沸かします。冬の寒いときには海岸の岩場に行き、ヒジキや海藻を採ります。夏は、畑にサツマイモの苗を植えます。白いご飯が貴重な時代、サツマイモは主食でした。

ペットとしてウサギを飼っていたのですが、突然いなくなりました。いま食べているのがそれだと聞かされ、複雑な気持ちになりました。肉などほとんど食卓に上ることはなく、おいしいおいしいと食べていたのです。

母はとても厳格な人で、悪さをするとよく叩かれました。家を追い出されることもしょっちゅうでした。しかたなく家の外で寝ていると、夜遅くやっと入れてもらえました。物を粗末にしたり、不足などを言うと、厳しく怒られました。「食べる必要はない」と食事ももらえませんでした。

高校生になると建設業やみかん工場のアルバイトで家計を助けました。勉強と部活の両立だけでも大変なのに、肉体労働で毎日くたくたです。食べていくためとはいえ、少々納得いきません。相変わらず家にいるばかりで外に働きに行かない両親を快く思っていませんでした。教会での仕事という、その大変さがわからなかったのです。父のように、わざわざ陰気で貧乏で、自由のない生活をしなくとも、広い世界に出て努力しさえすれば、名を挙げ、お金を稼ぎ、もっと良い暮らしができるではないか。そう思っていたのです。

父のように生きるのはまっぴらごめんだ。あこがれの先輩のように海上自衛官になり、世界一周航海に行こう。何ものにも縛られず自由に、懸命に働いて大金を稼ぎ、良い暮らしをしよう。一途にそう思っていたのです。

そうして念願かなって海上自衛官に合格しました。自衛隊の訓練は想像以上に厳しいものでしたが、自由を手に入れた私は張り切っていました。高校時代、柔道部で培った体力と忍耐力のおかげで、世界一周航海の座を勝ち取り、まさに順風満帆。追い風を受けて大海原に漕ぎ出すばかりだったのです。あの夜、神戸タワーの下で、自分の行く末を垣間見るまでは。

（第二章）修行

退官して故郷へ

世界一周航海の前日、二年間いた海上自衛官を退官すると申し出ました。よほどの理由がない限り、四年満期を迎えないと除隊できません。「どうしても教会のあとを継がなければなりません」と口実を言い、むりやり途中除隊させてもらいました。満期を迎えれば恩給をもらえ、在籍していれば安定した収入も得られるはずですが、私は、どんなことにも優先して自分の人生の目的を見つけなければならない、と必死の思いでした。夢にまで見た自衛隊ですが、未練はなかったのです。さっさと故郷の中島に帰りました。

自衛官を辞めて故郷に帰った私に、両親も戸惑いを隠せないようでした。母は、大きなことを言って勇んで出ていった私が突然帰って来たもので、少々落胆していたようです。父は何も言いません。けれど、内心喜んでいることが伝わっていました。父親ならば、いつか子どもが自分の仕事を理解し、受け入れてくれることを願わないわけはありません。その沈黙が、かえって私の心を打ちました。

私は何としても、自分が生きる本当の目的を見つけなければなりません。そのためにはどんなことでもやると決めていました。家のことが直感的にひらめいたのは、その端緒として、金光教を一からしっかり勉強すれば糸口を見つけられるかもしれない、そう思ったのです。両親に、「金光教学院に入り、勉強したい」と決意を伝えました。

金光教学院というのは、金光教の教師を養成する学校です。岡山県の浅口市金光町に金光教本部があり、金光教学院が隣接しています。入学希望者は、一八歳以上の教徒で、各教会の教会長の保証をいただければ、試験を受けて入学することができます。私はこれまで信心というほどの信心をしたことはなかったのですが、父の保証さえもらえれば、そんな自分でも金光教学院で勉強することができるはずです。私は安易に、保証をもらえるよう両親に頼みました。

母は厳しい口調でこう言いました。

「金光教の教師になると言うが、それは決して生易しいものではなく、大変厳しいことだ。その覚悟がおまえにはあるのか。なにも教師にならずとも、信者として誠心誠意信心すればいいではないか」

私の本心は、金光教の教師になることではありません。自分の人生の本当の目的が知りたい。自分が死を迎えたときに、心から満足していたい……その端緒を得たい……だから金光教学院で勉強したい……という理屈です。しかしそんな雲をつかむようなはっきりしない理由では、両親を納得させることはできず、結局けしからんと叱られるのが落ちでした。しかし私は真剣でした。度重なる議論の末、両親もそんな私の熱意に押されたらしく、金光教学院行きを渋々了承してくれました。

試験勉強とその準備を始めました。

ところが家で生活をするようになると、自衛官時代の規律正しい生活とあまりにもかけ離れているため、暮らしのリズムが合わないのです。たったの二年間でしたが、自衛隊で過ごした厳格な生活が深く染み付いていたようです。当時高校生だった弟の光一にも、つい厳しく接してしまいます。

二人の兄や姉は郷里を離れそれぞれ生活していたので、弟が残っているだけです。末っ子ということもあり、かなり自由にしていたようです。朝はなかなか起きてきません。「いい若者が朝いつまでも寝ているとは、まったくたるんでおる」と私にはカチンときます。それまで寝たいだけ寝ていた弟は突然帰ってきた兄に朝早くたたき起こされ、腹立たしい様子です。兄の帰郷を喜んでいた弟も、けむたく思うようになっていきました。

海上自衛隊では、経理部の中の料理部所属として隊員用の食事を作っていたのですが、贅沢な食材で調理し、豊かな食事でした。ところが父の教会では、すべて「節約」です。食費はもちろん、電気や水までも、節約、節約と言われ、せっかく磨いた腕の振るいようもありません。使いたい材料を買うことも許されません。それが気に入らず、イライラした気持ちを家族にぶつける場面も生まれます。

父は相変わらず何も言いませんが、母は勝手なふるまいを繰り返す私を厳しくたしなめ、ときには手が飛んでくることもありました。かっとなった私は一度、母を殴り返してしまったことがあります。母は、「五人も子どもを育てたが、殴り返してきたのはお前だけだ」と嘆きました。母親を殴り返すなど、よくもそんなことをしたものだと今さらながら思います。人の道に外れた、まことに無礼な所業でした。「お母さん、すみません」とその後何度も心の中で詫びました。その母もまた海上自衛官上がりの大男を殴るのですから、今思い返してみても相当肝っ玉が据わっていました。

振り返ってみれば、若く、さしたる信仰心もなく、金光教の教えも何もまるで知らなかったとはいえ、私はわがまま放題でした。誰の力も借りずに大きくなり、自衛官になり、遠洋航海の切符も自分の実力で手に入れた。自分の力で何でもやってきたと、本気でそう思っていました。感情をコントロールすることもできず、人を思いやることもできず、自分中心のエゴの塊でした。

せっかく平和に過ごしていた両親と弟の生活に割り込んで、自分の意見が通らないと腹を立て、イライラ当たり散らし、かき回すだけかき回していたのです。まったく人騒がせな話です。何をしに帰ったのやらわかりません。

いよいよ岡山県の金光教学院へ向かう前日、理由は忘れてしまいましたが、些細なことで母と口論になり、翌朝早く、内緒でこっそり家を出るという親不孝なことをしてしまいました。

金光教学院へ

こうして一九六七（昭和四二）年。金光教学院に入学しました。一年コースと二年コースがあり、私は一年コースです。私よりもっと若い人、子どもを育て上げてから入学した人、定年退職してから来た人など、あらゆる年齢層の入学者がいました。男女の区別も、年齢も関係なく、全員が寄宿舎に寝泊まりし、同じ修行をするのです。当時二年コースを含め、およそ一〇〇名ほどの学院生が修行していました。

朝早く起床して本部広前《ひろまえ》に行き、教主様にごあいさつをします。広前とは神前のことで、お参りをする場です。それから初代金光教祖のお墓に参拝したあと、本部境内・学院・宿舎などの掃除です。食事は係が準備します。朝食後、朝の祈りと朝礼があり、授業に入ります。

授業は、教義、教団の歴史、布教、祭式、さらに初代金光教祖の生涯についてなどを学びます。希望者は、書道、茶道、華道、典楽を学ぶこともできます。典楽とは、金光教の祭典の折に演奏される音楽のことで、日本古来の楽器である笛や太鼓、琴などを用いて演奏されます。驚いたのは他宗派研修といって、他宗派の神道や、仏教を訪れて研修できることです。農家の出であった教祖にならって米作りもしました。

授業が終わると、またすべての場所の掃除です。宿舎に帰って夕食をとったあと、午後七時に本部広前でお参りをして、午後一〇時消灯。これが一日の生活です。

その他にも、自身の在籍していた教会や他の教会での実習、大祭や霊祭の手伝いなど、することはたくさんあります。休む暇なく次から次へと行事をこなしていかなければなりません。生活していく上での一つひとつのことに、心を込めて丁寧に進めていくこと、それが「行」です。つまり起居一切《ききょいっさい》、行住坐臥《ぎょうじゅうざが》すべてが学びです。同じ規則正しい生活とはいっても、海上自衛隊の生活とはまったく違った生活でした。

子どものころから慣れ親しみ、意味がわからないまま朝晩唱えていた祈りの言葉が、初めて耳にするように聞こえました。教会に育ったというのに、知らないことばかりだったと気が付きました。知れば知るほど奥が深く、毎日が新鮮で、驚きの連続でした。

金光教の始まり

金光教は一八五九（安政六）年、江戸時代末期に、現岡山県浅口市金光町で始まった宗教です。当時はその地域を大谷村と言っていたそうですが、教祖ご帰幽後約四〇年後の一九二三（大正一二）年、金光教本部の地として、金光町となりました。

金光教が始まった幕末には、金光教の他に、天理教、黒住教《くろずみきょう》などの新しい宗教がスタートしました。幕末三大新宗教と呼ばれています。

金光教の神様は、「天地金乃神《てんちかねのかみ》」といわれます。

天は父、地は母。広大な天地のあらゆるものを生かし育《はぐく》む神様で、人間をはじめ万物の命の根源です。大いなる天地の働きであり、私たち人間の「親神《おやがみ》」です。常に私たちと共にあり、人間たちの「助かり」をどこまでも共に願い、私たち人間を神のいとし子として愛してくれる存在です。

金光教の教祖、文治《ぶんじ》（一八一四〜一八八三）は一二歳のとき川を隔てた隣村の農家に養子に入りました。養父母から「好きなことは何か？」と尋ねられ、「神仏に参るのが好きなので、休日には参らせてください」と答えるほど幼少のころから神仏を慕い大切にしていました。成人して嫁を取り、家族も増えたことから家を建て替えることになり、神様に無礼があってはならないと日柄方角《ひがらほうがく》に細心の注意を払って建てました。しかしその間、次々に身内を亡くすという不幸に見舞われます。四二歳のとき、自身も「のどけ」とよばれる大病にかかり生死の境をさまよいました。「のどけ」とは重症の扁桃腺炎のことです。

文治の家に身内が集まり、神々に病気全快の祈願をしたところ、文治の義弟に当たる治郎に神がかり（神が降りてくること）があり、家を建築する際、神への無礼があったとのお告げがありました。それを聞いた妻の父が、方角を見て建てたのだから、無礼はしていないはずであると反論すると、神は「方角を見て建てたら、この家が滅亡しても、亭主が死んでもかまわないか」とさらなるお告げです。

そのやりとりを隣部屋の床の中で聞いていた文治は、「申し訳ございません。神様。父はなにも知らずに申したのです。このたび狭い家を大きな家にしましたが、どの方角へご無礼しておりますか、凡夫であいわかりません。方角を見て済んだとは思いません。以後、ご無礼のところ，お詫び申し上げます」と、一心に神にお詫びしました。

神は、こう告げたそうです。

「文治、そのほうはよい、そのほうは行き届いている。本来なら熱病にかかるところを、熱病では助からないので、神が扁桃腺炎に変えてやったのである。信心の徳をもって神が助けてやる」

それから文治はだんだん健康になり、元の健康を取り戻しました。そして神からの知らせを受け取るようになりました。手を合わせて神に祈願すると、おのずと手が上下に動きます。手が上るときは願いが成就し、下がるときは成就しないという印です。雨の降り照りも知らされるようになり、あるときには、三人がかりでする百姓仕事を「一人でしなさい。神が助けてやる」と告げられ、一人で軽々できたとのことです。文治は四二歳から、百姓をしながら神からいろいろな修行をさせられ、四六歳のとき、いよいよその信心を見込まれ、

「世間には多くの難儀な者がおる。どうか、取り次ぎ、助けてやってくれ。そうすれば、神も助かり、人も立ち行くことになる」と告げられました。こうして「取次《とりつぎ》」をするよう

になったのです。

「取次」とは、人の願いを神様にお伝えし、神様の思いを人に伝えることです。神様と人が共に「あいよかけよ」で救われていく世を顕現するための働きです。「あいよかけよ」とは岡山地方の方言で、その昔、駕籠《かご》かきたちの間で交わされた「えいさ、こらさ」のようなかけ声です。共に声をかけ合って助け合い、共に事を成していくという意味です。

人間は神の恵みと慈しみの中に生かされています。神のいとし子である人間は、神の心を分け与えられており、その働きによって神の願いを表わすことができるのです。神と人は「人あっての神　神あっての人」の関係です。

人間はこの道理を知らないことから、人間中心の生き方に陥り、神と人双方が助かる生き方から遠ざかりました。神との隔たりができ、そこに「難儀」が生じるようになりました。「人あっての神　神あっての人」という関係では、結局、人の難儀は神の苦しみとなります。人間が助かっていくことは神が助かっていくことでもあるのです。神と人とを結び、神と人共に助かっていくための世を顕現する、その働きが「取次」です。

こうして教祖は四六歳のとき、天地金乃神《てんちかねのかみ》様から、「家業である百姓を辞め、『取次』に専念するように」と告げられました。五人の子どもと妻、義母を抱えて、百姓を辞めてはその後の生活の保障はありません。しかし何ごとにも神の仰せに従ってきた教祖はきっぱり百姓を辞め、「取次」に専念するようになりました。それが金光教のはじまりです。

それから教祖は朝早くから夜遅くまで、一日中お結界《けっかい》（取次をする場所）に座り、人々の願いを聞き、それを神様に伝え、また神様の言葉を人々に伝える「取次」を二五年間、七〇歳でお亡くなりになるまで続けられました。

「取次」はその後も代々受け継がれ、一六〇年近くが経とうとしています。今では五代目教主・金光平輝《こんこうへいき》様が、朝は午前三時四五分に本部広前《ひろまえ》にお出ましになり、夕方四時四〇分のお退《ひ》きまで毎日結界《けっかい》にお座りになり、日々、人々と神のために「取次」されています。

「取次」によって助けられた人たちは、「人を助けずにはおかぬ」という神様の切実な願いに触れ、何ごとも神様に祈り、一瞬一瞬を神と共に生きる信心に目覚めていきました。そして金光教主のもとで修行し、「取次」を受け継ぎ、日本全国に広がっていったのです。今や全国に約一五〇〇か所、またアメリカ、カナダ、ブラジル、パラグアイ、韓国などにも教会や布教センターがあり、その広前で、日々、「取次」が行なわれています。

教祖は、「取次を始めるまでは、どこの宮寺にお参りしても片便《かたびん》（一方通行）の願い捨てであった」と言っておられます。祈っても祈っても、一方的にこちらからの投げかけで、答えが返ってくるわけではありませんでした。祈りが神に届いているのかどうか、わからないままだったのです。「取次」により、祈りは一方的ではなくなりました。神の意志を知ることができるようになったのです。

神と語り合い、

「あいよかけよで神も助かり、人も立ち行く」

人の力だけでも、神の力だけでもなく、両方の力を合わせてこそ、真の繁栄、幸せ、安心が生まれるという生き方。それが金光教の教えです。

教祖は天地金乃神から生前「生神金光大神《いきがみこんこうだいじん》」という名前（神号）をいただきました。生きながらにして、「人を助けて神になる」という信心を日々実現している教祖に対する、神様からの贈り物でした。教祖のご帰幽後、天地金乃神　生神金光大神を併せて、金光教の主神とされています。私たちは生神金光大神を「金光大神」と呼んでいます。

教祖金光大神は晩年、「形がなくなったら（死んでしまって身体がなくなったら）、来てくれというところへは行ってやる」と語ったといいます。今日もそのとおりに世の人々のために、「金光大神」として言葉を届けておられます。

『天地書附』

「生神金光大神
天地金乃神
一心に願
おかげは和賀心にあり
今月今日でたのめい」

（音読みすると以下のようになります）
「いきがみこんこうだいじん
てんちかねのかみ
いっしんにねがえ
おかげはわがこころにあり
こんげつこんにちでたのめい」
（大意は以下のとおりです）
「生神金光大神様のお取次を通して、天地金乃神様に一心にお願いしなさい。おかげは和賀心（和《なご》やかな和の心と喜びの心）の中にあります。今月今日（今日は、かけがえのない日です。一瞬一瞬を大切にして、今というこのときに）頼みなさい」

教祖である金光大神は、神命によりこの『天地書附《てんちかきつけ》』をお書きになりました。一八七三（明治六）年の明治政府による宗教政策によって金光教の布教が政府によって差し止められた際に、信心の在り方を忘れないよう、これを目標に信心しなさいと認《したた》めたものでした。私たちが信心して助かるための在り方を示されたのです。

「おかげ」とはいったい何でしょう。

物が光に近づくと、その影は大きくなります。逆に物が光から遠くなると、影は小さくなります。すなわち、神に近づけば近づくほど、大きなお影ができます。神に近づこうとする努力で、神からの力添えが大きくなるということです。

神のそばで、神と共に、一瞬一瞬を過ごすことで得られる穏やかで、和《なご》やかで、喜びに満ちた心。すなわち和やかな「和」、歓ぶ「賀」の心、「和賀心《わがこころ》」の中には、大きな大きなおかげがあることでしょう。そうして神と一体となったとき、それが生神《いきがみ》の境地と言えるものだと思います。教祖金光大神は、誰でもその境地に達することができるとおっしゃっています。

「取次」を通じて神と出会い、神は天高く、人の意識の及ばないところにいるのではないことを知り、私たちは安心を得ることができるようになりました。実は私たちはいつも神と共にあり、離れてなどいなかったのです。神様の腕の中に、いつでも抱かれていたのです。神と人はいにしえの昔から「人あっての神　神あっての人」の関係にありました。

人間はこの道理を忘れてしまい、人間中心の生き方に陥り、神と双方が助かる生き方から遠ざかりました。神はいま一度、神と人とが「あいよかけよ」で立ち行く世界を実現して、天地のきずなを取り戻したいと熱望されているのです。神様は私たちに命を授けた親として、天地のきずなを見失い、悩み苦しんでいる人間に助かってもらいたいと願っているのです。

天国や極楽を先の世に求めて、尊い今に目を向けないのは、たった今も抱きしめてくださっている神の存在に気付こうとしないことです。天国とは「今、ここ」なのだと気付かせてくれるのが、この『天地書附』であり、それを忘れないためのキーワードです。

教祖の教えの一つに、

「日に日に生きるが信心なり」

というものがあります。

教祖金光大神は信心に基づく生活を進めること、生活がそのまま信心になる生き方をたゆみなく求め続けることを説きました。「信心」とは、日々、神に向かって神と共に生活していくことです。神に近づけば近づくほど、大きな「おかげ」を得ることができます。

金光教には「難もみかげ」という言葉がありますが、経済的な事柄や人間関係の苦しさから助かっていくことだけが「おかげ」ではありません。人間として成長していくために必要な試練（難）もまた大切な「おかげ」です。

神は人々の幸せを願っています。物質的な豊かさだけが人間の幸せではありません。心の豊かさこそ、本当の幸せです。ときには耐えがたいと思っていた難儀もまた心を豊かにしてくれる「おかげ」です。そのような「おかげ」を、神はその人に合った最善の時期に与えてくださるのです。人生の中で起こってくるさまざまな問題も、信心を進める上での大切な「おかげ」として、いつでも、どこでも、どんな事柄でも、神に祈り願って、日々神と共にある生き方をしていく。『天地書附』には、金光教の信心の本質が端的に示されています。

もちろん、金光教学院に入学したばかりの若造には、『天地書附』や金光教の教義をよく理解できていませんでした。あれから長年の修行をへて、この年になり、ようやく少し理解できるようになったのです。授業で教えてもらった教義は、私にとってまだ机上の空論でした。それを実践し、日々の生活に反映していく。それがどれほど根気のいることか、まだわかっていなかったのです。ここから、本当の修行が始まったように思います。

病む

一九六七（昭和四二）年春。いよいよ学院生活が始まり、二一歳になった私は張り切っていました。二年間も自衛隊で生活してきましたから、団体生活への抵抗もなく、すんなり学院生活にもなじむことができました。

早朝三時四五分。希望する生徒は、教主様が広前にお出ましになる時間に合わせてお出迎えに行きます。通常、起床は六時ですが、私は毎朝教主様のお出迎えに行き、朝の参拝を欠かしませんでした。掃除も手を抜きません。授業も真剣に取り組みました。ところが一途に道を求めるあまり、また悪い癖が顔を出しました。

「皆、道を求める真剣さが足りないのではないか。トロトロしていて腹立たしい」と、同室の学院生たちに不満を持つようになったのです。

「自衛隊の訓練とは月とすっぽん。余りにも甘すぎる！」とイライラして過ごすうちに、人間関係で行き詰まっていきました。自分一人がそのような心持ちですから、仲間とズレが生じます。当然の成り行きです。次第に孤立していきました。かえってそのほうが修行にも身が入るとばかりに、私は一人黙々と修行に励んでいました。

そうして一か月ほど過ぎたある朝、身体中が石のように重く、どうにも力が入りません。数日前から腹部に違和感があり、しつこい下痢が続いていました。根っから健康体だった私は、いずれ治るだろうと高を括《くく》っていたのです。とりあえず寝ていればそのうち回復するだろうと、その日の授業は休みました。二日経ち、三日経っても良くなりません。自分の身体を持ち上げる力もないのです。皆がいそいそ掃除だ授業だと頑張っている間、布団の中でひたすら寝ているしかありません。

これまで武道やスポーツで身体を鍛え、誰にも負けない自信があったのです。病気で寝込むことなどなかったので、いったい自分の身体がどうなったのか、不安で焦るばかりです。一人では食事に行くこともままならず、同室の院生のお世話になるしかありません。これまで、たるんでおるとか、甘すぎるとか、さんざん厳しいことを言っておきながら、今度は自分が皆の足手まといになったのです。身体は相変わらず重く、起き上がることもできないほど辛いのですが、他の院生の足手まといになっている負い目はもっと辛いものでした。

私は布団の中で必死に神に祈りました。しかし、祈っても祈っても、身体は回復しません。母は、「祈れば神は必ず答えてくれる」と言っていました。父も毎日、信者のために取次をし、神様からの答えを受け取っていました。ならば私の祈りも聞き届けてくださっているはずです。しかし、神からは何の音さたもありません。次第に「これだけ祈っているのに、どうしておかげをくださらないのか」という心境になりました。金光教の教師を親に持つとはいえ、もともとこちらは熱心に信心していたわけではありません。修行を始めたばかりの私は神の存在をなんとなく感じているものの、心の中ではまだ半信半疑なのです。ますます疑心暗鬼になった私は「神に祈って、本当に良くなるのだろうか」という気持ちが大きくなっていったのです。

心の拠りどころをなくし、心細くなり、ふと見まわせば医者からもらった薬があるだけです。それが頼みの綱と、拝むような気持ちで飲みました。病名は、大腸潰瘍炎でした。潰瘍があるため、栄養分を取り込むことができず、日に日に衰えていきました。

食事療法、断食療法、ありとあらゆることを試しましたが、身体は一向に良くなりません。ときには大量の血便がありました。医者の診断は正しいのだろうか。もしかしたらこれは不治の病で、まっすぐ死に向かっているのではないだろうか。そんな思いがよぎります。布団の中でじっとしていると悪いことばかり考えてしまうのです。いつしか死を意識するようになっていました。

もはや修行どころではありません。授業もほとんど休み、特別療養室で寝たり起きたりの生活でした。一か月が過ぎ、二か月が過ぎ、そのような状態で六か月も過ごしたのです。学院生活の半分を布団の中で過ごす羽目になってしまいました。

神を見せてください

そんな日々が続き季節は冬一月になっていました。同室の学院生はそれぞれ一日の活動を終えて就寝の準備をしています。私は相変わらず、敷きっぱなしの布団の中で悶々としていました。他の学院生は着々と修行が進み、授業の話などをしています。どうにもいたたまれなくなり、黙って部屋の外へ出ました。相変わらず足には力が入らず、手すりにつかまって、休み休みやっと階段を下りました。

「どれだけ神に祈っても、何のおかげもないではないか」。何度も心の中で毒づいてしまいます。身体はやせ衰え、心までカサカサに乾いてしまって、投げやりな気持ちになっていました。

「あるのか、ないのか、わからない神に祈っても、手ごたえがないのでは祈っても無駄ではないか。神が存在するのかどうか、まずはそれを知らねば祈りにも力が入らない。それが知りたい。教えてほしい……」

いてもたってもいられなくなりました。その答えがわからなければ一歩も前に進めません。もし、神などいないのだとしたら、何のための修行でしょうか。ここはなんとしてもその答えを教えてもらわなければなりません。私は意を決して、真っ暗な闇の中に歩き出しました。金光教祖の墓のある奥津城《おくつき》に向かったのです。

そこに、生きながらにして神になったとして神号をいただいた教祖、生神金光大神のお墓があります。小高い丘の上の奥津城は暗闇の中にしんと静まり返っていました。時折、身を切るような冷たい風が木々の枝を揺らします。私は石畳に座り込みました。おなかに力が入りません。しかし……力を絞り出して問いました。

「神を見せてください……」

「金光大神様。私はこれほどまでに神に祈り、救いを求めているのに、どうして何も答えてくださらないのですか。夢にまで見た世界一周航海も捨てて、神の導きを求めてここまで来たというのに、今さら神などいないというのですか。だとしたら私はこれからどのように生きていったらいいのでしょう。どうか、神の存在を示してください。私に確信をください。神の存在を示してくださるまでは、私はここを動きません」

寒空の下、弱った身体で冷たい石畳に座り込み、一心に金光大神にお願いしました。神の存在を確信するまではテコでも動かないと決めたのです。このまま動けなくなり、凍えて死んでしまうかもしれません。ここで死んでも本望だと思いました。命を懸けてでも、その答えを知りたかったのです。神の存在を確信しなければ、このまま学院で修行を続けることは無理でしょう。ならば最後の力を振り絞って、命がけの祈りを捧げる覚悟でした。最初しびれていた足も、痛みと冷たさですぐに感覚がなくなりました。自問自答を繰り返し、あれこれと心に浮かんでは消え、じっと答えが来るのを待ちました。

そのうち心が静かになってくるのを感じました。騒がしかった心の中はいつしかおだやかになり、スッキリと明瞭になっていったのです。霧が晴れるように、視界が良くなった私の心に光が差し、遠くにぼんやりと人の後ろ姿が見えてきました。

黒の羽織袴を着たその人物は、神前にぬかずいて一生懸命に祈っています。黒の羽織袴は金光教の正装です。静かに目をつぶり、頭《こうべ》を垂れて、一心に神に祈っていました。黒い人影が誰かはわかりませんが、そのときはっきりと、両親の思いが伝わってきたのです。「両親が私のために祈っている！」。とっさにそう思いました。その一途な祈りが私の心に痛いほど響いてきたのです。

子どものころから父のようにはなりたくないと反発し、自分一人で大きくなったような顔をして、両親の気持ちなど考えずに好き勝手なことをしてきました。どれほど両親から愛され、大切にされてきたことか。両親はどんなときも私の幸せを祈ってくれていたに違いありません。それを当たり前としていた私は、その尊さを無視し、忘れ去っていたのでした。遠く離れていても、父と母は今もこうして私の無事と幸せを祈り続けています。

親が子どもに与えるのは、見返りのない純粋な愛です。どんなに子どもが反発しようとその愛の大きさに変わりはありません。そうです、私は愛されてきたのです。ずっと両親に幸せを祈られてきたのです。

「親とはかくもありがたい存在なのだ」

カサカサに乾いていた心に雨がしみ込むように、私の心はしっとりと潤いを帯びてきたように感じました。そしてふと気付いたのです。

「あの両親も、祖父母に深い愛情で慈しまれたことだろう」。その両親も、またその両親も、無償の愛で、「どうか、この子が幸せでありますように」と祈ってきたに違いありません。過去何代、何十代とさかのぼり、親は子どもを愛し、幸せを祈ってきたのです。

私という人間は、いったいどれだけの先祖の祈りに支えられているのだろうか。無償の愛の祈りは人間の歴史が始まったときから連綿と続いてきたのです。黒い羽織袴を着て私のために祈っている父の向こう側には、その両親が、そしてまたその両親が、子どもを思って一心に祈っているのです。子どもの幸せは自分の幸せ。子どもが幸せであれば、親は他に何も望むものはありません。私はたくさんの父や母から、愛され、祈られ、守られ、導かれていたのです。これほど心強いことがあるでしょうか。

こうも感じました。祈りを捧げている先祖たちのはるか向こうに、人間を誕生させた親神様が、にっこり微笑んでこちらをごらんになっているのを感じたのです。金光教では、私たちを無償の愛で慈しんでくださる神様を「親神様」と呼んでいます。

「私たち人間は親神様から身体を借り、御霊《みたま》を分けていただいてこの世に存在している神の子どもなのだ。さらには親神様が用意してくださる食べ物をいただいて命をつないでいる。生命が誕生してから何億年という長い年月、親神様は私たちのために一時も休まずお働きになり、幸せを祈ってくださっている。神は子どもである私たち人間が苦しんでいるのを見るに見かねて、どうか助かってくれと祈ってくださっている。私が今ここに存在していられるのは、親神様とご先祖様の愛と祈りあってのことだったのだ」

そう思いました。

神は天地宇宙であり、この世のすべてです。そうであるならば、私はこの世のすべてから慈しまれている子どもです。私はこの世に望まれて、愛されて、存在しているのです。神の愛は目で見ることも触れることもできません。しかし、神の愛は常に私の心に存在します。これまで開けたことのなかった心の中の扉を開けると、そこにはいつでも神がいてくださることを悟りました。神は天高くに存在しているのではありません。誰の心の中にも存在しているのです。心を開けばそこにいて、私たちの幸せを祈ってくださっているのです。

「なんという親不孝なことをしてきたのだろう。親の心子知らずというが、両親の真心も、神の親心も無視して生きてきてしまった」

神は何もしてくれないではないかと毒づいた自分を恥じました。神は私を助けようと手を差し伸べてくださっていたのです。自らそれをはねのけておいて何もしてくれないなどと、よくもそんな自分勝手な考えをしていたものです。心底自分が情けなく、涙が溢れてきました。

感謝のない自分でした。両親に対しても、ご先祖様に対しても、神に対しても、申し訳なさでいっぱいでした。これほど支えられて生きてきたというのに、自分一人でここまでやってきたと自負していたのです。

これまでのことが悔やまれてなりません。後悔の涙があとからあとから、とめどなく溢れてきます。どれだけ詫びても詫びきれません。このような私を許し、ひたすら幸せを願ってくださっている両親に、ご先祖様に、そして神様に、顔向けできるような自分にならなければなりません。生涯かけてその愛に報いる生き方をしよう。私は固くそう決意しました。

涙はいつしか嬉し涙に変わっていました。大粒の涙があとからあとから頬《ほほ》を伝って流れていきます。こんなにも泣けるものかというほど泣きました。暗闇の中、私の嗚咽が静寂を破っていきます。

「一心に祈れば、神は必ず答えてくれる」

再び母のあの言葉を思い出しました。

エゴの塊だった私は、神の存在を知りたいという気持ちとは裏腹に、神が入る余地を自ら閉じていたのかもしれません。自分の気持ちを優先するあまり、周りを受け入れる心の容量が足りませんでした。両親の愛情さえ締め出していたのです。幼いころから、両親の信仰のために自由を奪われていると思っていましたが、世界を狭く窮屈にしていたのは私のエゴでした。エゴはそれをエゴだと気付かれないよう、巧みに心の中に居続けます。巧妙に自分を正当化し、悪者を自分の外に作り上げようとするのです。

病気をして、自分の力だけではどうしようもなくなって、ようやくそのことに気付きました。神はこのように、エゴから抜け出せるよう導いてくださいました。病気にならなければ気付くことはできなかったことでしょう。これこそが神の導きだったのです。

死の恐怖

両親をはじめたくさんの人々によって支えられてきたという悟りは、私の心を元気にしてくれました。そのことを思うと、胸のあたりが温かくなるのでした。しかし、病状は一進一退。体力は衰える一方です。以前からあった死への恐怖は、根深く心の中に巣くっていました。

人が死ぬとはどういうことだろう。死んでしまった後、どこに行くのだろう。天国や地獄というものが本当に存在するのだろうか。生まれ変わってまた別の人生を生きるのだろうか。死んだら無に帰すというが、私という、あれこれを詰め込んだ意識が突然ぷつんと途切れて、永遠に真っ暗な宇宙に漂い続けるのだろうか。

暗い部屋の中、そんなことを考え出すとますます眠れなくなり、虚無感に襲われます。何もかもが眠りについた静寂の中、「無」になった死後の永遠の時間を思うと、胸を締め付けられるような、息苦しくなるほどの恐怖に襲われるのです。

恐怖は易々と私の心の中に侵入して、あっという間に占領してしまいます。それまで感じていた両親やご先祖さまや、神様からの深い愛も、濃い霧の中に隠れるように見えなくなってしまうのです。心の中にいつもいてくださる神の存在も、感謝の気持ちも、恐怖の心に乗っ取られてしまいます。

そのように怖がってばかりいては、心からの祈りなどできません。恐れのあまり、悲観的なことが次々と頭をよぎり集中できないのです。その恐怖を克服しようと、それらしいことが書かれている本を片っ端から読みあさるのですが、落ち着くどころかますます混乱してしまいます。といって一人で思い悩んでいても解決にはなりません。

ここは教主金光様にお取次をいただいて、神様からのお答えをいただくのが何よりだと気が付きました。そうはいっても私は金光学院で勉強している一学院生です。そんな分際の私が教主に悩みを打ち明けて直々に言葉をいただくなど、とても畏れ多いことです。しかし思い余った私は、意を決して、今の苦しい状況と死への恐怖からの救済をお願いする内容を、何枚もの紙に認《したた》めました。勇気を出して、教主様にお渡ししようと思ったのです。

教主金光様

当時の教主金光様は、四代・金光鑑太郎《かがみたろう》様でした。教祖様のひ孫にあたります。教祖様以来、二代・金光四神《しじん》様、三代・金光攝胤《せつたね》様、そして四代・金光鑑太郎《かがみたろう》様、現在では五代・金光平輝《へいき》様と五代にわたり、朝は三時四五分に広前にお出ましになり午後四時四〇分にお退きになるまで、この一五九年間、毎日欠かさず「取次」をされていらっしゃいます。

私が子どものころは、三代目金光攝胤様が教主でした。教祖様の孫にあたります。父の二代・金光四神様がご帰幽されたのを機に、わずか一三歳から本部広前で取次を始め八三歳でご帰幽されるまで、およそ七〇年の長きにわたり取次の業に専念されました。

あのころ年に一度、父の教会員総出で、船を借り上げ中島から御本部にお参りに行っていました。船に乗って島を出るのは御本部の大祭のときだけだったので、遠足にでも行くようにわくわくしていたのを覚えています。船の上で、みんなで弁当を広げて食べるのが楽しみでした。御本部に到着すると、一九五九（昭和三四）年、約一万五千人収容可能の祭場ができるまでは、地面にゴザを敷いて、その上に正座し、大祭に参加していました。正座したものの足が痛く、じっとこらえていたものです。神前には、三代金光様が大祭の祭主として仕えられ、遠くに見えるそのお姿をなんとなく覚えています。

日本にはたくさんの教団がありますが、通常、教団トップである教主に、一般の人が会うことは難しいと思います。アポイントを入れてもらうことさえできないでしょう。しかし金光教の教主様はいつでも本部広前のご結界に座っていらっしゃいます。三六五日、朝早くから夕方までずっといらっしゃいます。教会には、信者でなくても、一般の方でも自由にお参りすることができます。ですから誰でも取次していただき、お話しすることができます。

第四代・金光鑑太郎《かがみたろう》様は、一九六三（昭和三八）年に教主に就任し、戦後日本の文化の振興のために金光教の公共図書館を作り、また書家、歌人、文化人として多数の書や歌を残し、二八年間取次を務められました。その間にどれだけの人と会い、話を聞き、幸せを共に願ったでしょうか。生前のお言葉は今でも多くの方の生きる力となり続けています。

学院に入学してからは、朝に晩に、広前で四代金光様を拝見するのですが、そのお姿はとても威厳があり、少々近寄り難いと思っていました。自分の弱さを見透かされそうで怖かったのだと思います。心のどこかに、誰に対しても自分の弱さを見せたくないという自我がありました。自分の弱さを指摘され、それを認めるのが怖かったのです。

病気になり、死を意識するようになって、やっと自分の弱さを認めることができました。それをバネに弱い自分をさらけ出して、どうぞ助けてくださいとすがる気持ちになったのです。というよりほかに道がなかったという切羽詰まった心情でした。

死の恐怖からの脱出

手紙を持参した私は、お結界（取次をするところ）で取次をされている教主様の前に歩み出て、分厚い封筒を恐る恐る教主様にお渡ししました。緊張で手が震えます。目を伏せたまま、教主様からのお言葉を待ちました。すると、教主様は優しく、

「自分で読みなさい」

と手紙を返されました。

口ではうまく言えないだろうと思い、お伝えしたいことやお尋ねしたいことをこまごま手紙に書いてきたのですが、こうなった以上、自分の言葉でしっかりお伝えしなければなりません。しかしやっと口を開いた私は、「私はいま病気をしていて、これからどうすればよいかわかりません。どうすればよいでしょうか」と言うのが精一杯でした。

黙って聞いていらした教主様は、うなずくと神前に向き直り、神様に一礼し、大きく柏《かしわ》手《で》を四つ打たれました。しばらくしてまた一礼されると、おもむろに私のほうに身体を向け、ひと呼吸おいてこうおっしゃいました。

「遠くに旅に出るとき、人は神様に、安全に旅ができますようにと祈ります。しかし、ちょっと隣に行くときには、道中の安全を願って祈ることはしません。しかし、遠くに行く

のも、近くに行くのも同じことです。遠くに行くから危険が伴うのですか。近くに行くときに危険はないのでしょうか。近くだから安全に到着するとは限りません。遠くに行くときも、近くに行くときも、同じように神様のおかげを受けているのです。自分だけの力で行けるものではありません。すべてにおいて、おかげをいただいているのです。たとえ近くに行くとしても、これから行ってまいります、と言っておかげを受けなさい」

私は、絶体絶命の窮地に置かれて初めて「お助けください」と神に祈りました。それまで神に感謝の気持ちを伝えることもなかった私が、追い詰められて神に祈ったのです。それでは、苦しいときの神頼みと何ら変わりません。健康なときも、病気のときも、いつも同じように神におかげをいただけるように祈る。

四代金光様のお言葉で、自分にはそこが欠けていたのだと気付きました。すべて、おかげをいただいているのです。まさにそのとおりだと思いました。

じかに手紙を差し上げるというあの暴挙以来、四代金光様のこの言葉を何度も何度も反芻してきました。その言葉にはもっと深い意味があるように思ったのです。しかし、私にはまだそれを理解することはできませんでした。やっと勉強を始めたばかりです。このあと長年修行を重ね、経験を積み、だんだん視野を広げ、その言葉に込められた四代金光様の思いがわかってきたように思います。真の意味を理解したのはもっとずっと先の話でした。心の成長に応じて、おのずと理解も深まっていくのだと思います。

もともと私は、ものごとを瞬時に理解するほうではなく、何度も経験を繰り返し、ゆっくり心に落として納得していくタイプの人間だと思います。わからなければ納得するまで経験を積みます。そのための時間や労力を惜しいとは思いません。神は私に必要な体験と時間を用意してくださいました。病気をしなければ、教主にお取次を願うことなどなかったと思います。この畏れ多い経験が、私には必要だったのです。四代金光様のあのお言葉のおかげで、私はまた一歩、前に進むことができたのです。

おかげは和賀心にあり

わずか三四文字に凝縮された金光教の教え『天地書附』の中に、

「おかげは和賀心《わがこころ》にあり」

という言葉があります。私たちはこの『天地書附』を、朝に夕に唱えます。

あのころ、しきりにこう考えました。

「はたして自分の心は、和賀心になっているだろうか」

それまでは病気の身体のせいにして、不平、不満、心配、苛立ちと、和賀心とは正反対の心で過ごしていたようです。

「和」とは和《なご》やかに、和《やわ》らぎ、調和する心。感謝の心と言えましょう。

「賀」とは、喜び楽しむ心です。

毎日唱えていても、口先ばかりでは何の意味もありません。神様からは愛が無限に注がれているというのに、受け取る私の心に、不足不平、心配、苛立ちという大きな穴が開いていては、おかげが底から漏れていく一方です。

ふと思いつきました。

「和の心」になるために、「ありがとうございます」と唱え、「賀の心」になるために、大声で笑うことにしました。いきなり大声で笑おうと思っても、おかしくもないのに笑うには少々稽古が必要です。まずは稽古からと思いました。

「ありがとうございます」と唱える稽古。

「ワッハッハー」と笑う稽古。

これで病気が良くなるかどうかわかりませんが、これからは真に「生きる」と決めたのです。神の教えに従って「生きる」を追求しようと決意していました。これで助かるかどうかに賭けたのです。まだまだ弱った身体で寝たり起きたりの生活でしたので、それこそ命がけの取り組みでした。

朝から晩まで、暇さえあれば「ありがとうございます」と唱えました。そして周りに他人がいないのを確かめては「ワッハッハー」と笑う稽古を繰り返しました。便所の中、裏山の林の中でも笑いました。毎日毎日、「和賀心」になるため、密かに一人稽古に励んだのです。

つい最近知ったのですが、私の故郷、山口県防府市のある集落には、鎌倉時代から伝わる「笑い講」という神事があるそうです。農業の神様である大歳神《おおとしのかみ》を迎え、一年の収穫に感謝し、来る年の豊作を願う祭りだそうです。神社にお参りした氏子一人ひとりが大榊《おおさかき》を手に持ち、三回笑います。一回目は今年の収穫を喜び、二回目は来年の豊作を願い、三回目は今年起こった不幸を笑い飛ばし、家族の健康や幸せを願って笑うのです。最後には講の全員が一斉に笑います。笑い方が不真面目だったり不十分だとやり直しが命じられるそうで、みんな真面目に笑わなくてはなりません。

防府市の無形民俗文化財に指定されており、天下の奇祭と言われているようです。また、笑いを通じて世界の平和を願うという目的で、毎年十二月には笑い世界選手権も開催されているということです。防府市に生まれた私ですが、そんな神事があるなどこれまで知りませんでした。

私は、まるっきり自分の思いつきで笑い始めたと思っていたのですが、実は防府市の出身である自分の中に、笑いの遺伝子がすでにインプットされていたのかもしれません。「笑いは百薬の長」「笑う門には福来る」といいますが、やはり笑うといいことがあるようです。

「ありがとうございます」と唱え、「ワッハッハー」と笑う稽古をしながら、私は再び朝三時半に起きて、教主金光様をお迎えし、早朝のお祈りに参加するようになっていました。体調がいいときは、暇を見つけて道路や公衆便所の掃除をすることにしました。

掃除は信心の基本です。御本部の敷地内も毎日徹底して掃除をします。掃除は神や自然に対しての配慮であり、神の暮らす自然を敬い、大切にすることです。掃除することで、こちらも気持ち良く過ごすことができます。そんな環境に自らを置くことが心の中のいらないものを洗い流し、心を磨くことにもなると思います。磨かれた心には神も訪れることができるでしょう。くよくよと布団の中で臥せっているのをやめ、やれるところまでやってみようと、力を振り絞って一歩外へ出ようと考えたのです。

「自分のことは忘れて、人のために祈りなさい。そうすれば、神はあなたのためにおかげを与えられます」

という教祖様の言葉に触れ、その言葉に添ってみようと思ったのです。また病状が悪くなっても、それでもいいと思いました。とにかく、神の意志に添いたかったのです。

自分のことはさておき、人のために祈りました。以前なら、自分を助けて欲しいの一念で、他人のことなどかまう余裕もありませんでしたが、教祖様の言葉を聞いたからには、そうもいきません。苦しい状況にある人に寄り添って一緒に祈りました。その人の幸せを願いました。

そうこうしているうちに、だんだん病気を忘れていきました。公衆便所を掃除しながら「ありがとうございます」と唱え、一人で道路を掃除しながら「ワッハッハー」と笑い、早朝のお祈りの時間には、誰かのために祈りました。
二、三週間すると、「ありがとう」と「ワッハッハー」に集中する時間が増え、徐々に病気を忘れていました。ひと月を過ぎると、自分が病気だということを完全に忘れていました。元の元気な身体に戻っていたのです。
こうしておくれを取り戻すべく再び修行に励み、どうにか金光学院を卒業することができました。学問的な知識だけでなく、本当の信心とは何か、生きるとはどういうことなのか、この一年間、実践的に学ばせていただいたようです。心を鍛え、心の平安を手にすることができたと思います。

金光教には「難はみかげ」という言葉があります。難儀が心を鍛え、磨いてくれるのです。もしこの世に難儀がなければ、誰も神様を信心しないでしょう。難儀は神とつながるきっかけです。私もしっかりときっかけをいただきました。

この体験は、人生の基本になりました。実際の世界でどのように役立つか未知数でしたが、事あるごとに、難局に出会うたびに、ここに立ち返ることで困難を乗り越えることができたように思います。あの一年間に私はとても感謝しています。

再び郷里へ

金光学院では、教主金光様、学院長の佐藤博敏先生、講師の先生方、同期の学院生の皆さんに、どれだけ心配をかけ、祈っていただいたか知れません。弱り切って床に伏せってばかりの私を、よくぞ置いてくださっていたと思います。張り切るあまり、最初はほかの学院生たちとわざと距離を置いていた私ですが、皆さん、病気の私を気遣い、何かと助けてくれました。

さらに両親にはつらい思いをさせてしまいました。いくら心配しても、子どもの修行先に行ってまで看病することもできませんから、気が気ではなかったと思います。

何とか無事に金光学院を卒業し、父の教会に帰りました。そして、両手をついて心配をかけた親不孝を詫びました。些細なことで腹を立て黙って家を出てしまってから一年。つくづく親不孝をしましたが、これからは両親を助け、修行しながら教会を守っていこうと決意しました。

弟も高校を卒業して家を出ており、教会は両親二人だけで切り盛りするようになっていました。私は両親と教会の仕事をしながら、引き続き修行の日々を送りました。一年前の私ではありません。不平不満を口にすることなく、心はいつも神様のほうに向け、何ごとも心の中で神様に話しかけ、すべてに感謝しながらひたすら精進していました。

学院での生活同様、朝は四時前に起き、外へ出て、金光教の御本部のある方向に向かって遥拝しました。海辺へ行き、冷たい海水に飛び込み、この海を通じて世界中の国々が平和でありますようにと祈りました。

朝五時には、信者さんが教会にお参りに来られます。その前に教会の門を開け放ち、信者さんと共に朝の御祈念をします。その後、教会内外の掃除、道路のへこみを見つけては道普請、そのあとは一日中父のそばでお取次の補佐をさせていただきました。

これぞと決意すれば、とことんやるのが私の性分です。一生懸命になりすぎて失敗することもしばしばです。心配をかけた両親のために心を入れ替えて精進しようと努めました。

両親からすればまだまだ未熟であっただろうと思います。しかし以前に比べると、ささやかな変化を自分のうちに感じていました。

両親に対する思いも変わっていました。どんなときも休むことなく教会を開放し、苦しみ悩んでいる人たちを受け入れ、人のため、神のために、わが身を削り取次をしてきた両親を見つめなおしたのです。そうして少しわかってきました。

両親は人々と神様のために人生のほとんどを金光教の布教のために費やしてきました。神様にまっすぐ生きてきた両親に、改めて深い敬意を抱きました。神様に真摯にお仕えし、驕ることなく、不足を言うことなく、自分の欲を捨てて奉仕してきました。よほどの信心がなければできることではありません。共に教会で働かせていただくうち、本当の信心の姿を見せてくれた両親を、神様とも思うようになりました。そんな両親のもとで修行できることを心から感謝し、両親のためにも、早く一人前になって安心させたい。そう思うとますます修行にも身が入るのでした。

月に一度の本部参拝

卒業するとき、月に一度は必ず金光教本部に参拝すると決めていた私は、御本部行きを欠かしませんでした。毎月、金光教本部に一週間余り滞在して、自主修行をするのです。

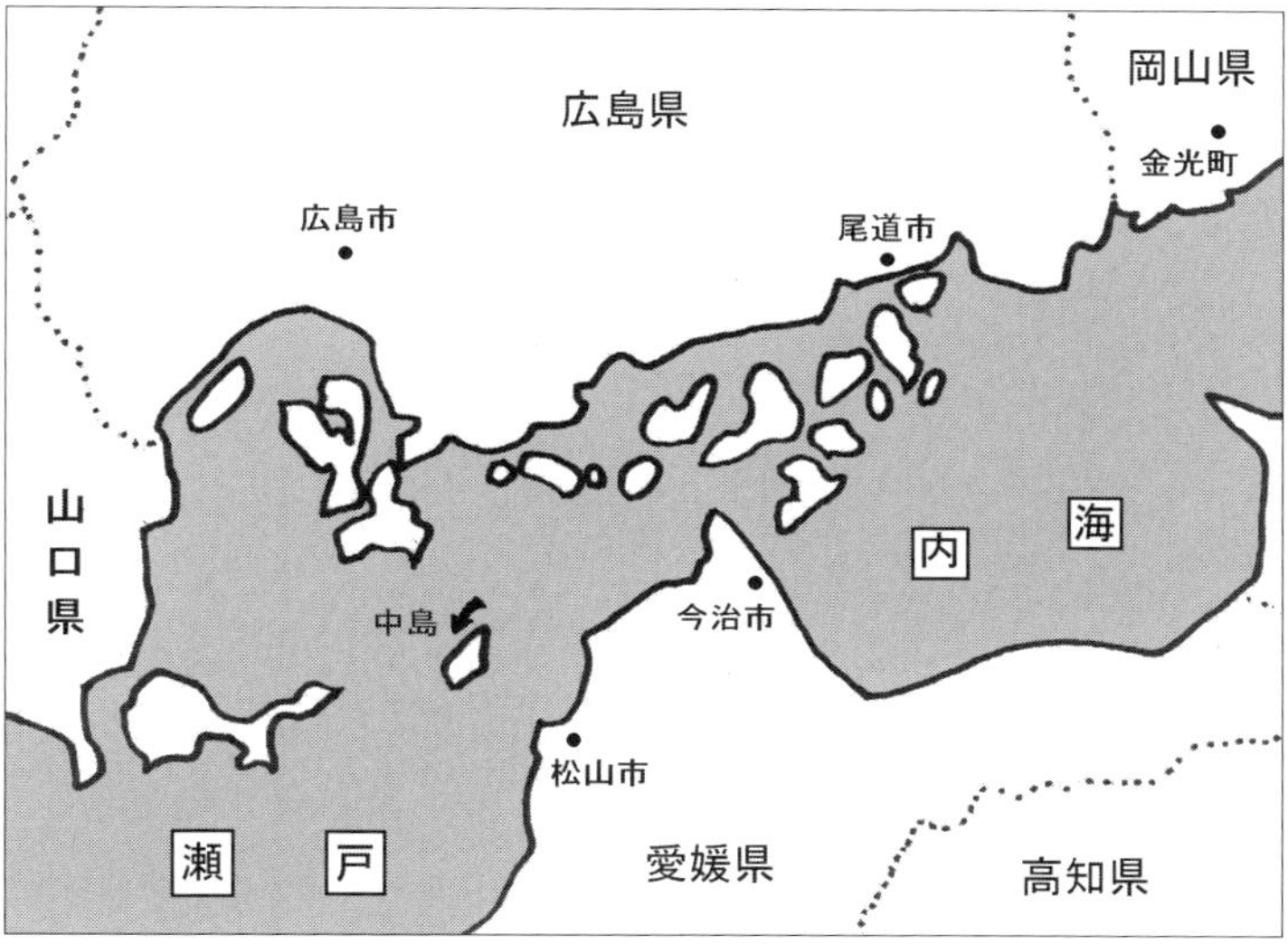

中島から金光教本部へ。

父の教会のある瀬戸内海の中島から、船で愛媛県松山市に行きます。そこから電車で今治市まで行き、船で広島県尾道市に渡ります。当時はまだ瀬戸大橋はありません。船と電車を乗り継いでいくしかありませんでした。尾道市から岡山県浅口市にある金光教本部まで、国道二号線沿いの約五〇キロの道をてくてく歩きました。朝早く家を出ても、御本部に着くのは夜遅くでした。

国道沿いを歩いていると、不審人物と思われ、警察官から職務質問をされたこともあります。教会やほかの人に迷惑がかかるといけないと思い、以来なるべく電車で行くようになりました。

本部では、お参りされる方たち用の休憩所で過ごしました。皆さんが集う場所ですから、誰よりも先に起きなければなりません。学院生のときと同じように三時半に起きて、広前で金光教主様をお迎えしました。教主様と共に広前でお参りし、その後は教祖様の墓前でお祈りです。日中は学生らと共に教会や町中の掃除をし、出会った方々のお話を聞き、信心についての考察を深めました。一週間すると、来た道をまた家に向かって帰るのです。金光教主様の膝元で修行させていただき、頂戴したお徳を父の教会に持って帰りたい、少しでも父の役に立ちたい――そんな思いでした。

子どものことは親が頼み、親のことは子どもが頼み、天地の如し

ある真夜中のことです。中島教会の戸をドンドン叩く音がします。何ごとかと出てみると、若い男性が玄関の前に立っています。男性は両手で頭を抱え、「助けてくれ、助けてくれ」と叫んでいます。ただごとではありません。父と私は急いでその男性を神前に連れていきました。どうしたのかと尋ねても、ただ助けてくれと言うばかりです。父は神前に座り、神様に祈り始めました。私も父の後ろに座り、その男性のために一心に祈っていました。

どうしたことでしょう、突然私の身体が彼のほうに向き直り、「馬鹿者！」と叫んでい

ました。私の口から勝手に言葉が飛び出したのです。さらに奇態なことに、この私がわんわん大声で泣き始めました。何が起きたのか、誰にもわかりません。

驚いた若者はその拍子にすっと顔を挙げました。びっくりした様子で私を見つめていましたが、しばらくすると落ち着いたらしく、ふつうの状態に戻りました。しかしそうなっても、なぜか私は泣けに泣けてくるのです。

しばらくすると、やっと私も平静さを取り戻しました。お互い冷静になったところで、ようやく若者の話を聞くことができました。彼の話はこうでした。

――彼の父親が、こっそり外で女性と逢うようになった。そのことが発覚し、大騒ぎになった。それを苦にした父親が自殺した。その後、若者の頭が割れるように痛くなり、八方手を尽くしても痛みは取れず、思い余ってこの教会に駆け込んだ――というのです。

私はその若者にこう言っていました。

「お父様の御霊に対し、毎日心を込めて感謝の祈りを捧げなさい。そうすればきっと、お父様の御霊も助かり、あなたも助かるでしょう」

「こっそり外に女の人をつくって好き勝手した挙句、その責任から逃げるように自ら命を絶ったお父様に対して、憤りを感じているそのお気持ちはわかります。残された者の気持ちなどまったく考えない身勝手な行為に、お父様を憎み、腹も立つことでしょう。

でもそれでは、お父様もあなたも助かりません。お父様の過ちを、あなたがどんなに悔やんでも、どんなに腹を立てて責めても、どうすることもできないのです。責めれば責めるほど、両者共に苦しみ続けなければなりません。

おそらくお父様は亡くなって初めて、自分がしてしまったことを後悔して苦しんでいるに違いありません。その苦しみが息子であるあなたに、現に頭を抱えるほどの苦痛を与えているのです。

親子ならば、父の苦しみは子どもの苦しみ、子どもの苦しみは父の苦しみ。互いに力になり、助け合い、謝り合って、共に助かり合っていかなければなりません。

お父様がしてしまったことは、決して正しいこととは言えませんが、あなたがそれを許し、この経験を通して学び、正しい道を行けば、起きたことを生かすこともできるでしょう。あなたが憎しみを捨て、お父様に対して心から『ありがとうございます』と感謝の祈りを捧げることができれば、お父様の御霊も助かり、あなたの心も助かることができるのです。感謝の心で双方が喜び合えるのです」

若者は黙って聞いていました。

教祖様はある日、神様からお知らせをいただきました。神様は次のようなことをおっしゃったそうです。

「そのほうの取次で、神も立ち行き、氏子も立ち、氏子あっての神、神あっての氏子。子どものことは親が頼み、親のことは子どもが頼み、天地の如し、あいよかけよで頼み合いいたし」

「あなたの取次によって、神も立ち行き、人も立ち行くことになります。神と人との間柄は、人あっての神、神あっての人という関係です。子どものことは親が頼み、親のことは子が頼んで、天と地の働き合いのように、あいよかけよでお互いに助け合って、頼み合いをいたすようにしなさい」ということでしょう。

神は人間の親神です。神様は自分の子どもである人間を、どこまでも助けてやろう。救ってやろうと思っています。私たち人間が幸せであることが、神にとっての幸せです。私たちが自分の幸せを祈るということは、神の幸せを祈るということなのです。私たちは互いの幸せを願い祈り合って、頼み合っている間柄なのです。

「子どものことは親が頼み、親のことは子どもが頼み」とありますが、人間の親子の間柄ではとかく自分の言い分を通したい余り、理解し合い、助け合うということを忘れてしまいます。しかしこの言葉のように互いが互いの幸せを願い、感謝すれば、双方が助かり、気持ちよく、心が平和でいられることでしょう。

先ほどの若者はその後、お父様に感謝の祈りをするようになりました。若者の母親と祖母は、金光教の信者でした。しかし若者の姿を教会で見かけることはなく、金光教を信心している様子はありませんでした。あれから約五〇年。彼は信者となり、熱心に信心されていると聞いています。

あのとき、なぜわんわん泣いてしまったのかわかりません。天地金乃神様がとっさにあの若者を助けようと、私の身体をお使いになられたのでしょうか。この親子を不憫に思い悲しがっておられる神の気持ちが私に伝わってきたのかもしれません。人々を助けずにはおれない、神様の強い思いがそのような形で顕現し、お父様共ども「助かり」をいただけたのでしょうか。もしかしたら、父と私が力を合わせて、あいよかけよで若者のために祈った、そのことに自分自身が嬉しくなって大声で泣いてしまったのかもしれません。

金光教学院のアシスタント

父のもとで修行を始めてから、瞬く間に一年が経とうとしていました。

ある日、金光教学院から連絡がありました。私に学院で働いてほしいとのご依頼です。父の教会で修行を続けるか、学院にご奉公しながら経験を積むか――一瞬迷いましたが、私は神の思し召しに従おうと思い、教会長である父に取次をお願いしました。すると「若いのだから、学院に勤めて経験を積むとよい」とのお答えです。今度は学生としてではなく、学生たちのお世話をするためのアシスタントとして金光教学院で働くことになりました。

お勤めを終えたらまた帰ってくるのだから、数年間、外で経験を積むことは自分にとって良いことだろうと思いました。そのときは知る由もありませんが、その後、父の教会にお勤めすることはありませんでした。

少しでも両親の助けになりたいと、掃除や家事、信者の方々への対応など、心から尊敬の念をもってご用を果たした一年だったと思います。両親は師でした。わからず屋、文句ばかり言うかつての自分はなかったようです。

「子どものことは親が頼み、親のことは子どもが頼み」

この言葉は、今さらながら深く胸に染みています。私も両親の幸せを祈り、両親も私の幸せを祈ってくれました。助け合い、譲り合い、そして喜び合いました。世話をしたり、世話になったり……嬉しい気持ち、ありがたい気持ちを育てていただきました。父と母のもとで修行させていただいたあの一年が、かけがえのない大切な時間となりました。

いよいよ、先生方のアシスタントです。学院生時代は半年余り病気で伏せっていたので、また学生たちと一緒に学べると思うと嬉しくて仕方がありません。アシスタントのかたわら、自分で独自の修行を考えて、それに取り組んでみました。

私は小さいころから暗闇が怖く、その恐怖心を克服したいと思っていました。家のすぐそばに墓地があり、人が亡くなると薪を積み上げ、そこに棺を乗せて火葬にするのです。あたり一帯に火葬の煙が立ち込め、それを見た夜は墓地が怖く、布団を頭からかぶってぎゅっと目をつぶり、眠れぬ夜を過ごしました。頻繁に金縛りに遭ったのも、浮かばれない幽霊の仕業だと思っていました。部屋の明かりを消したとたん、金縛りの恐怖が襲ってくるのです。

そこで暗闇を恐れなくなろうと、真夜中、近くの山に一人で登るという修行を試みました。あえて墓地へ行き、朝まで過ごすということも試しました。墓地で寝ていると突然雨が降り出し、慌てて飛んで帰ったこともあります。真冬の滝行もその一つです。余りの冷たさにすぐ降伏しそうになります。冷たいというレベルを越えて「痛い！」のです。水ではなく、針の滝に打たれているようでした。

課題はまだありました。金光教敷地内だけでなく、町に繰り出しての掃除です。それを繰り返していると、いつしか協力する人が現われました。自然発生的にできた一〇人ほどのグループに「天地奉仕団」と名付けました。天地に奉仕するグループ、というわけです。大きく胸に「天地奉仕団」と書いたユニフォームを着こみ、掃除はもちろん、老人ホームへの慰問、公開講演などの活動をしていました。あるときその活動として、金光駅前で神の御恵みについて演説していると、駅長さんから「やかましいのでやめてくれ」と言われてしぶしぶ引き上げたという失敗もあります。修行になるだろうと思われることは、何にでも挑戦してみました。若さゆえの無茶もありましたが、どれもこれも懐かしい思い出です。

また、金光教では修行の一環として、仏教や神道など、他宗派の勉強もあります。京都のお寺、奈良の天理教教会、禅の曹洞宗大本山・永平寺などに赴きました。

金光教発足当初、教祖様は批判を受けたり、国からも弾圧を受けたことがあります。新しいもの、聞いたことのないもの、初めて出会う事柄などは、それがどのようなものかを知らなければ、誰でも最初は警戒します。まずは知らなければ、受け入れようがないのです。無知が偏見を生み、その結果、世界を狭くしてしまいます。その理由から、金光教では積極的に他宗を勉強させていただくのです。

いろいろなところに赴いて勉強しました。中でも永平寺では、それは厳しい修行を体験しました。早朝から夜遅くまで、掃除や座禅など、みっちり修行スケジュールが組まれていて、息つく暇もありません。すべての日常生活の一挙一投が修行です。洗顔、食事、歩く、立つ、座る――一つひとつの動作に意識を集中させなければなりません。食事どき、つけものを噛むのに音をたててはいけません。ひと噛みひと噛み、音なしで食しました。普段なにげなく食べ物を口に運び、噛んで飲み込んでいますが、ひと噛みひと噛み、噛みしめると、それを味わうことで感謝が溢れてきます。

今日で修行も最後という日のことです。電車の最終便に間に合わないかもと、廊下をバタバタと走っていました。廊下を歩くにも音をたてないようにすり足で歩かなければならないのです。案の定、「馬鹿者!」と怒鳴られました。最後の最後での大失敗でした。

他の宗教を勉強していくと、ずいぶん似ている部分が多いのに気が付きます。もともと人が求める境地というのは同じなのかもしれません。違いもたくさんありますが、それは批判するようなものではなく、尊重すべきことです。金光教にも、他宗に見られない特徴がたくさんあります。

かつて教祖は、

「食べ物でも人により好き嫌いがあるようなもので、宗教にも好き嫌いがあって当然」

「人のことをそしる者がある。神道はどう、仏教がこうなどと、そしったりする。

自分が生んだ子どもの中で、一人は僧侶になり、一人は神父になり、一人は神主になり、また役人になり、職人になり、商人になりというようになったとき、親はその子どもの中で誰かがそしられて、うれしいと思うだろうか。

他人をそしるのは、神の心にかなわない。釈迦もキリストもその他の宗祖も、皆神のいとし子である」

と語りました。

他宗の考え方でもよいと思うものは取り入れ、柔軟にものごとを考えられるような大きな器を育てる――それが大切なのだと。

（第三章）アメリカへ

大丈夫、なんとかなる！

どうにかこうにかお勤めをしていた御本部での朝のことです。いつものように教主様をお迎えし、お祈りを済ませての帰り、学院長の佐藤博敏先生が突然、私に「米国へ行ってあちらの教会で御用してみないか」とおっしゃるのです。

「……考えたこともありません。言葉もわからない異国の地で布教活動などと、そんな大それたことは」とお答えしました。

アメリカでの布教！　想像もできません。学院長は、「大丈夫、なんとかなる！」と一喝しながら、さらに強く勧めるのです。

そんなつもりは毛頭なかったのですが、なんとかなるかもしれない、二、三年、アメリカで布教活動をして、経験を積んで帰ってこよう……深く考えるでもなく、それならと受けてしまったのが大冒険の始まりでした。世界一周航海を目の前にして海上自衛隊を除隊して以来、こんなチャンスに出会えるなど、正直思ってもいませんでした。結局四六年間アメリカに滞在することになるのですが、神様はこのように、時折びっくりするような贈り物をくださいます。

さてアメリカ行きの準備です。あのころアメリカがどのような国か、見当もつきませんでした。インターネットでささっと検索できるわけでもなく、アメリカの映像を見ることもあまりありません。まあなるようになるだろうと軽い気持ちでした。何ごとかあっても、そのときはそのとき。神の言うとおりに事を行なっていれば、間違いはありません。後になって振り返れば、移民局の手続に少々手こずりましたが、すべて神に任せて落ち着いていました。

英語も少々かじりましたが、現地ではほとんど役に立ちませんでした。不安や恐怖を感じることもあるかもしれないと、乗り越えるだけの精神力を身に付けるべく、肝試しと称して、いろいろ暗闇への恐怖心を克服する稽古などを試していました。

食べられなくなるだろうと、寿司や和食を食べ歩きました。行ってみれば、現地にはけっこう日本料理店があり、これには拍子抜けでした。

当分日本に帰ることはできないだろうからと、友人知人にお別れの挨拶をと訪ね歩きました。遠くに住む女友だちにもお別れに出かけました。ところが雷による停電で、電車が動きません。結局彼女と逢うことが叶わず、気落ちしたままの渡米です。再会できたのはようやく四〇年後でした。お互い孫もいる年齢になって、浦島太郎の気分です。しかし私の中では、彼女はあのときのままでした。時が止まっていたのです。たぶん、これも神様のご計画の一つだったのです。

サンフランシスコ

一九七一（昭和四六）年一二月一日、日本を出発。ハワイの金光教ホノルル教会へ寄り、お参りです。当時、日本からサンフランシスコへの直行便はなく、ハワイで給油の必要があったのです。その少し前までは、船で二、三週間かかっていたそうですから、ハワイに寄ったとしても、サンフランシスコはずいぶん近くになっていました。

三日。サンフランシスコ着。異国の大都会サンフランシスコは、見るもの、聞くもの、すべてが驚きと戸惑いの連続です。言葉もわからない田舎者の私にとってすべてがカルチャーショックでした。金光教サンフランシスコ教会には数人の日本人の方がすでにお勤め中で、私はいろいろと教えてもらいながら、なんとか生活をスタートさせました。

一番困ったのはやはり言葉です。私の英語ではどこに行ってもまったく通じません。買い物をしたいのですが、表示すべてが英語なので、何なのかさえわかりません。聞いてみたいのですが、どう聞いたらいいのか、また相手が何と答えているのか、とにかくさっぱりわからない。間違ったものを買って帰ることもありました。特に電話には困りました。何を言っているのか皆目見当がつきません。こちらもとんちんかんなことをしゃべっていたと思います。

日本ではどこへ行くにしろ、ほとんど歩きです。こちらでは車が必須です。運転免許を取らなければ話になりません。アメリカの国土はとんでもなく広く、車社会のアメリカでは車の運転は必須でした。交通ルールも日本とは全然違います。道路標識も一から覚えるしかありません。英語で出題される筆記試験を、混乱している頭で必死に解き、やっと仮免許を取得すると、次はいきなり公道での運転の練習です。免許を持っている先輩方に隣に乗ってもらい、路上練習です。

サンフランシスコは坂の街と言われ、坂だらけです。日本とは比べものにならないほど勾配が激しく、恐怖の連続でした。街中には駐車場は見当たりません。ずらりと道路わきに駐車してあります。駐車場と化した狭い道路を恐る恐る運転しなければなりません。子どもや歩行者がいきなり出てくるかもしれません。細心の注意が必要です。手が離れなくなるほどしっかりハンドルを握り、緊張しながらの運転です。横に乗って指導する人のほうがよほど怖かったかもしれません。

さて本免許の試験です。

試験官が横に乗りこんできました。試験官の指示どおり運転しなければなりません。試験場内の駐車場で車をバックするように指示されました。何とかバックさせ、ギアをチェンジし、さて道路に出ようかとなると、試験官が「はい終了。もう帰っていいですよ」と試験終了を告げられました。どうやら道路横にあった高さ二〇センチほどのオレンジ色のロードコーン（道路の規制や区分けを目的に置かれる保安器具）にぶつけてしまったようです。コーンとコーンの間を通らなければならないのに、前進練習ばかりのせいか、バックで狭い間を通るなど、頭になかったのです。不合格。弁解の余地なし。

二回目。バックもうまくいき、道路に出ることができました。しかし試験官の「ライト（右）」「レフト（左）」という発音がなかなか聞き取れません。運転に集中したいのに、試験官の発音にも注意しなければならず、大量の冷や汗。ギリギリで、どうにか合格しました。

横腹にピストル

この地で金光教の布教活動をしていくには、言葉の習得は不可欠でした。英語の学校に行くことになりました。アダルトスクールという語学スクールがあり、一八歳以上の住民であれば誰でも無料で受講でき、目的に応じての受講が可能です。教会でお勤めしながら、英語習得コースで勉強することになりました。

ある日、英語学校からの帰り道です。慣れないサンフランシスコの道を、カバンに教材の本を入れ、それを抱えて歩いていました。道端に止めてある車の陰から、二人組の黒人の男が出てきました。私は日本では体格のいいほうですが、アメリカではそれほど大きいとはいえません。もっと体格のいいアメリカ人がたくさんいる中で、身長一八二センチは普通サイズです。二人とも見上げるような大男で、挟み撃ちするように私の前後に立ちふさがりました。

「いま何時だ？」と聞いているようです。しかし、鋭く光る彼らの眼光を見た瞬間、それは人間のものではなく獲物を狙うヒョウかライオンのものだと直感しました。

「何かあるぞ……」と警戒したものの、すでに後ろの男が私の横腹にピストルを突き付けています。瞬間、心臓は飛び出すかと思うほど大きく波打ち、その鼓動が、体中の毛細血管に熱い血を押し流し、全身の毛を逆立てました。冷や汗で冷たくなった手のひらは、カバンの取手にひっついていています。後ろの男は拳銃が見えないように私の身体にぴったり寄り添うように立ち、吐く息が聞こえるほど、その顔を私の耳元に近づけて何か言っていま す。

「ここは慌ててはいけない。落ち着かなくては」と自分に言い聞かせ、必死に平静を装いました。次の行動が自分でも不思議です。私は静かに道路にあぐらをかいて座り込み、持っていたカバンをその前に置きました。周りに不自然に思われないように、できるだけ自然に装いました。誰かに気付かれるとかえって危険だと思ったからです。二人の大男は慌てた様子で私のカバンを開け、めぼしいものを探しました。しかし金目のものなど何も入っていません。教材本と古ぼけたペンケースのみ。二人はあきらめて、どこかに立ち去りました。座ったまま、私は二人の後ろ姿を見送っていました。腰が抜けたのかもしれません。よかった。無事だった。我に返った私は、足が震えているのに初めて気付きました。

ふと見ると、大男たちが忘れていったらしい、カギとネックレス、時計などが散乱しています。私はゆっくり立ち上がり、犯人の忘れ物をカバンに入れました。その足で警察に行き、事のなり行きを説明したのです。警察官は、

「今までそんな話は聞いたことがない。ここでは人の命は五ドルくらいのものだ。よく殺

されずに済んだものだな」と、申告人が無事だったことにびっくりしています。アメリカでは年間平均二、三万人がピストルで殺されているとか。今さらながら「とんでもないところに来てしまったものだ」と冷や汗をかきました。後日、私のこの体験がサンフランシスコ最大の新聞紙上に載ったことで、みんなが事の次第を知ることとなり、その逸話は一躍有名になりました。そのことがあってからは、一人で道を歩くときなど、よほど注意をするようになりました。アメリカに来てすぐに受けたあの銃の洗礼のおかげで、スキを作らないということが習慣になりました。アメリカの生活ではとても重要なことです。

ニンジャ

アメリカが銃社会だということは知っていましたが、まさか自分が現実に銃を突きつけられるとは驚きでした。こんなことが頻繁に起こっているのです。見知らぬ人から突然殺意を向けられるのですから、その恐怖はとても言葉で表わすことはできません。

そんな事態もあろうかと、恐怖を克服するという目的で、修行生の時分から墓地で一晩過ごすというような精神修行をしていたのですが、あの出来事で感じたのは、その修行が功を奏したのではないかということです。暗闇への恐怖を克服しようと始めた修行でしたが、たぶんそこで「忍耐」や「平常心」というようなものを身に付けることができたのではないかと、ちょっぴり自信が生まれました。

このような話を聞いたことがあります。

徳川幕府三代将軍徳川家光は、江戸城に伊賀忍者頭領・服部半蔵を招きました。半蔵に「忍法の極意とやらを見せてくれ」と言うと、ひれ伏していた半蔵は立ち上がり、目の前の畳のへりの上をすたすたと歩いて見せてこう言いました。

「これこそが伊賀忍法の極意にございます」

どんなすごいことをして見せてくれるかと期待していた家光は心底落胆し、

「愚か者め！　それぐらいのこと、余にもできるわ！」と怒りをあらわにしました。

しかし、半蔵は落ち着いて、

「この畳のへりが、どんなに高い山の上にかかっていたとしても、今のとおり歩くことができます。山にあっても山はなく、谷にあっては谷はなし。心、常に平な湖の如し。忍びは千尋の谷の上にあっても同じ歩みができまする」

と言い放ちました。

アメリカでは「ニンジャ」という言葉を知らない人はいません。日本と言えばニンジャというくらい、皆ニンジャが大好きです。どんな状況に陥っても平常心を失わず、それでいて命を懸けて務めを全うする。そのクールさが人気の秘密なのでしょうか。
「忍」という字は刃と心という字から成っています。心に刃を向けられていますが、その心は安定していてまったく動じない。「忍」とは単に耐え忍ぶ、我慢するということではなく、刃を向けられても心が動揺しないこと。それが「忍」であり、平常心を保ち、不動の心を乱さないということのようです。

その平常心は簡単に身に付くものではありません。日々の修行鍛錬が必要になります。「一人を相手に話をすることは簡単なことなのに、大勢の前で話すとなると緊張します。鍛錬して、何度も繰り返し経験を積み、平常心を養う。そうすると、一人の人に話すのと同じ心持ちで、大勢の人の前でも話すことができるようになります。〈忍〉を心に留め、平常心を保つことができれば、あなたも立派な〈忍者〉です」

私はよくサンフランシスコの教会でアメリカ人の方々に、忍者を比喩にしたたとえ話をします。皆さん、ニンジャと聞くと、なるほどとうなずいてくださいます。

横腹に拳銃を突き付けられたとき、幸いなことに私は深呼吸をして、騒ぐ心を落ち着かせ、冷静に、最善の行動をすることができました。あれは単に恐怖を克服する訓練をしていたからだけではありません。どんなことがあっても神が付いていてくださるという安心感があったからだと思います。たぶんその安心感が私に平常心をもたらしてくれたのだと思います。神はどんなときでも、かわいいわが子である人間を助けずにおれないのです。信心する心がいつでも私に平常心を保たせてくれています。信心する心ほど、平常心を強くするものはありません。肝に銘じました。

サンフランシスコでの仕事

サンフランシスコ教会の教会長は、初代福田美亮《ふくだよしあき》先生がお亡くなりのあと、奥さまの福田真子《しんこ》先生が跡をお継ぎでした。私の仕事は、教会長の手足となって教会運営をサポートすることです。教会内外の清掃はもちろん、教会行事の準備、その進行、新聞の発行、また日本語を英語に、英語を日本語にする翻訳など、あらゆる仕事をしなければなりません。アメリカには日本宗教連盟会という組織があり、アメリカで活動している日本の仏教、神道、キリスト教などの各宗派が一堂に会する場があり、その活動も担当することになりました。

特に毎週日曜日のサービスの用意は大変です。サービスとは礼拝のことです。キリスト教徒が多数を占めるアメリカでは、日曜日に教会に礼拝に行く習慣が子どものころから身についていています。ここ金光教サンフランシスコ教会でも日曜サービスを行なっていました。

誰でも礼拝に参加できるように教会をオープンにします。宗派の色は関係なくお祈りをしたり、お話を聞いたり、催し物を企画したり、たくさんの方が教会に来てくださるように努めなければなりません。

子どもたち用のサンデースクールの準備。ボーイスカウト活動。バザーの資金作りなど、日本の金光教には見られない活動が多くあり、慣れない仕事に最初戸惑いました。日本では「取次」がお務めの中心ですが、ここではその他にもたくさんあるのです。一日中教会にいて取次することはあまりなく、外を飛び回っていました。「取次」は主に教会長がされるので、私たちは他の先生や信者さん方の送迎、清掃、食事の準備など、教会に携わるあらゆる仕事をすることになりました。

さすがにサンフランシスコは外地です。言葉の違い、文化や生活習慣、考え方、価値観の違いなど、ここで生活していくにつれ布教の難しさも感じました。日本の宗教をこちらの方に伝えるのは容易なことではありません。

（第四章）北米での金光教

初代サンフランシスコ教会長・福田美亮先生

サンフランシスコ教会の初代教会長・福田美亮《ふくだよしあき》先生がサンフランシスコに来られたのは一九三〇（昭和三）年でした。もう九〇年も前のことですから、もちろん私は生まれてもいません。当時はアメリカにおける金光教の布教が始まったばかり。草創期のことですから大変なご苦労があったようです。この時代はまた世界中の国々が戦争に向かって大きく動き出した時代でもありました。そんな中、福田先生はアメリカにおける金光教の布教にとって重要な人物になっていきました。

福田先生は、一八九九（明治三二）年の生まれです。奈良県吉野郡、先祖代々庄屋の家系だった家に生まれました。

頭脳明晰、柔道三段。文武共に秀でた学生時代でしたが、肺を患い、東京帝国大学在学中に肺結核と診断されました。休学して郷里に帰り、温泉で療養生活を送っている折に金光教のことを伝え聞き、三重県の南牟婁《みなみむろ》教会を訪ねたそうです。それが金光教との出会いでした。

少々疑いの気持ちを持ちながら教会を訪れた福田青年でしたが、そのとき青年のすべてを見抜き、お取次して、諄々と話す南牟婁教会長・松田熊市《まつだくまいち》先生の、一つひとつの言葉に感銘を受けました。

教会長は福田青年に向かって、「金光教の教会に、よくぞ参りに来られました。これからも教会に参って、教会で御用をさせてもらいなさい」と声をかけました。御用とは神に捧げる働きのことです。福田青年はそれから毎日三〇キロほど離れた教会へ自転車で通い、教会内外の掃除などをするようになりました。何ごとにも感謝との教えに従い、食事、掃除など日々の行為すべてに感謝することを教わりました。神に感謝し、神の指示を仰ぎ、願いを込めて一心に病の回復を祈りました。そうするうちに身体はすっかり良くなっていったのです。こうして福田青年は大学に復学しました。

ところがしばらくするとまた病気が再発してしまいます。

福田青年は、

「もしまた病が治ったとしても、いつ再発するかわからないのなら、病気が治ったと言って喜んでいたのはぬか喜びだったではないか。それならもう回復を祈ったりしない。けれどもし、本当に神がいてくださるというなら、それを証明してください。そうでないなら回復を祈っても何の意味もありません。神がいるというなら、そのときは真に祈ることもできます。神の存在をわからせてください」

と、神の存在の証明を求めたそうです。

すると突然、息が苦しくなり、呼吸ができなくなりました。必死で呼吸を整えながら、「そうか、自分の力では息ひとつすることができないではないか」。はたとそう思ったのです。

「自分で意識していなくても、心臓は動き、眠っている間も呼吸は止まることはない。自分でコントロールしているわけではない。だとしたら、だれが制御しているのだろう。それこそすべて、神の働きではなかろうか」。そう思って愕然としました。

人は誰でも、目に見えるものは信じることができます。しかし、見たり触れたりすることのできない神について、その存在を確認する術を知りません。多くの人が神様という存在を想像することはできるとしても、その存在を確かなものと認めることができないでいます。

空気や風も目に見えません。しかし、私たちは空気の存在を信じています。空気は風となって木々を揺らしたり、吐く息が白く見えたりと、それが作用した結果を見ることができるからです。空気自体は目には見えませんが、空気の存在を信ずべき十分な理由があるからです。

香りも見えませんが、鼻を使って感知することができます。音波も耳を通して確認することができます。ですから、そのものが見えなくても、それが作用した結果などから、私たちはそれらを認めることができるのです。

神を見ることはできませんが、神が働いたその結果を見たり感知したりするとき、私たちは神の存在を認めることができるのではないでしょうか。

例えば、優れた機械装置を作って、人間のように動くロボットなどが開発されています。しかしどんなに人間に似せてロボットを作ったとしても、とうてい本物の人間のようには作ることはできません。どんなに優れた機械装置でも、人間のように精妙な動きはできません。機械はいったん壊れたら、人間のように自分の力で再生することはできません。人間の身体ほど複雑で優れた機能を持つものは他にないのです。

では、その人間を作ったのはいったい誰でしょう。人間や動物や、多彩な営みを見せる植物は、どのようにこの世に生まれてきたのでしょう。「生きる」という営みを完璧に計算しつくした存在を作った何者かがいるはずです。

私たちは心臓の鼓動をコントロールすることはできません。寝ている間も心臓は鼓動を打ち、呼吸は規則正しく行なわれています。人間自ら心臓を動かし呼吸をさせているわけではありません。その動作は無意識に、私たちの「意識の外」で行なわれています。誰かが、何者かが、この身体を維持して、生かしてくれているのです。

その何者か、その誰かが、「神」という存在です。神自体は目に見えなくても、神が設計した私たち人間を見るとき、神が働いた結果を見ることができると思います。空気や香りと同じように、神は目には見えなくても、そこに存在します。神が創造した私たちこそ、神の存在の証拠だと言えるでしょう。

「すべては神のお働きのおかげで生かされているのだ」

福田青年はそう思い知らされました。神の存在を確信したのです。自分の身体が神の存在証明だという発見は、神の存在に疑問を感じていた福田青年に、「これからは神を絶対に信じて疑わない」という確信を与えました。

「絶対の信」

これは福田先生が良く口になさっていた言葉です。息をするたびに、神を感じます。鼓動を感じるごとに、生かされて、生きていることを実感します。私たちをこの世に誕生させてくれた神を、どんなことがあろうと「絶対に信じてやまない」という揺るぎない確信がそこにありました。

「金の杖をつけば曲がる。木や竹は折れる。神を杖につけば楽ぢゃ」

東京のとある教会の月次祭に参加した際、教会教師の説教の中でこの言葉に出会い、これは自分への御神意だと感じた福田青年は、大学卒業と同時に金光教小石川教会で修行し、やがて金光教の教師になりました。さらに東京最初の教会である金光教東京教会で修行し、ほどなく一九三〇(昭和三)年、金光教布教のためにアメリカ・サンフランシスコへ渡り、その翌年、福田先生は並外れたリーダーとしての素質を発揮し金光教サンフランシスコ教会を設立したのです。

日系アメリカ人

サンフランシスコでの布教を語る上で省略してはならないのが、日系アメリカ人の存在

金光教サンフランシスコ教会

とその歴史です。サンフランシスコの多くの日系一世、二世にとって、日本で信仰していた宗教を信心し続けることが大きな拠りどころでした。金光教がアメリカで普及する以前に、すでにサンフランシスコには日本の寺院があり、多くの仏教徒がいました。

金光教がアメリカに進出した目的は、アメリカに渡った金光教信者の方たちの信仰の継続のためでした。一九二六（大正一五）年、金光教青年会幹事長をしていた片島幸吉《かたしまこうきち》先生が北米とハワイの視察に赴きました。日本にいるときから金光教の信者だった人たちが多くいる地を訪問したのです。こうして数か月にわたる片島先生の視察と講演活動によって、アメリカでの金光教教会の設立の道が開けました。
こんなエピソードが残されています。
片島先生が渡米されるその日、金光教学院長で金光教教監として教団の基礎を確立した高橋正雄先生は、次のような詩を片島先生に送りました。
「君　今日アメリカへ発つ
早起きし
良きことを思い
良きことをせむ」
友である片島先生は今日遠いアメリカへ発つ。私も今日は早起きして良いことを思い、良いことをしよう。お互いに置かれた場所で頑張ろうという高橋先生からの激励でした。
片島先生がアメリカに金光教の礎を築き、帰国後の一九三〇（昭和五）年、今度は福田先生が教会設立のためにサンフランシスコに行かれました。こうした下地を受け継いで金光教サンフランシスコ教会は、日系アメリカ人の歴史と共に歩んできたのです。
そのずっと以前、移民がスタートしたのは、明治の一〇年代とされています。一八八五（明治一八）年ごろから一九二四（大正一三）年にかけて、約二〇万人がハワイに、約一八万人がアメリカ本土に移民として移り住みました。その人たちは日系一世と呼ばれています。当時不作が続いていた日本は、国を挙げてハワイやアメリカへ農地開拓などを目的とした移住を推奨しました。家族単位、村単位の移民も勧められ、政府が移民船を出すなど、国策としての移民が行なわれていたのです。

外国で働いて、大金を稼ぎ、日本に錦を飾ろう――若い農民男性は夢や期待を抱いてアメリカに渡りました。しかしいざアメリカに渡ってみると、雇われ労働者としての仕事は過酷、低賃金のため、日本に帰る資金も貯められないような状況でした。

さらにハンディがありました。低賃金で勤勉な日本の移民たちは、その地の労働者やすでに結成されつつあった労働組合にとって、自分たちの地位を脅かしかねない煙たい存在でした。彼らは差別的な連邦法を作り、日系人たちがアメリカで市民権を得ること、選挙権を得ること、土地を所有することなどを禁じる法律を制定させました。日系人を締め出す目的があったことは明白でした。そのような中、日系一世の人たちは過酷な生活を余儀なくされていたのです。日系一世同士の子どもとして生まれた新しい世代は、日系二世と呼ばれています。

そのようないきさつを経て、福田美亮先生がサンフランシスコに渡った一九三〇年ごろには、日系一世、日系二世と呼ばれる人たちは白人居住区から離れて、自分たちの地域に集まって生活するようになっていました。各地で日本人のコミュニティーが形成されたのです。今でもサンフランシスコ、サンノゼ、ロサンゼルスの三か所に日本人街がありますが、当時のアメリカ西海岸にはもっとたくさんの日本人街がありました。長きにわたり、差別的で不等な扱いを受けてきた彼らですが、土地を得て、店舗を構え、自営業を始めたり、日本語学校を造ったりする人が現われました。商店や飲食店、クリーニング店、日本人が経営するホテルなども軒を並べるようになりました。外国人土地法で土地の所有は規制されたままでしたが、農場や牧場、苗木業などで成功する人も現われるようになり、ようやく多くの人たちが生活にゆとりを持つことができるようになったのです。出身地域ごとに県人会が組織されたり、祝日になると地域ごとの催し物が開かれたり、経済的にも次第に豊かになっていったのです。アメリカ社会には排日感情が依然として残っていましたが、こうして小さな安定を重ねながら、一世、二世みんなが手を取り合って支え合い生活していました。

太平洋戦争の勃発

一九四一（昭和一六）年一二月八日。日本はアメリカ合衆国のハワイ州オアフ島真珠湾《パールハーバー》を攻撃しました。太平洋戦争の始まりです。

真珠湾攻撃の翌日、福田先生はサンフランシスコを離れ、サンノゼ教会の教祖大祭に出席し説教中でした。早くからアメリカ連邦捜査局（ＦＢＩ）からマークされていた福田先生は、式典後、即座に逮捕されました。サンフランシスコでは福田先生はかなりの著名人で、多くの日系人に影響を与えている要注意人物とされていたようです。家族や教会の信者に別れを告げることもできず、行き先も告げられず否応なしに護送列車に投げ込まれました。真珠湾攻撃後、ＦＢＩはアメリカ全土で二千人以上に及ぶ日系一世の指導者的存在を軒並み逮捕し、在住敵国人を抑留する「抑留所」に送り込んだのです。

ぎゅうぎゅう詰めの護送列車の窓はすべてシェードが下ろされ、外をのぞき見ることもできません。入口には銃を持った兵士が常に見張りに立っています。捕らえられた人たちの誰もがスパイ容疑で捕らえられたのだと思っていました。スパイの容疑をかけられたとなれば、どのように言い逃れをしても生きて帰ることはできないだろう。皆そう受け止めていました。このままどこかへ連れていかれ、銃殺されてしまうに違いない。そんな噂がまことしやかに流れました。狭い車内で肩を寄せ合い、誰もが絶望し、黙り込んでうつむいていました。

その様子に福田先生は、これではだめだと立ち上がりました。

「諸君、我々は日本人だ。最後まで日本民族の誇りをもって堂々としていようじゃないか」と声を張り上げたのです。

「諸君はどのような罪科によって捕らえられたのかと心配しておられるようだが、心配することはない。私が米国法廷に代わって、これから諸君に判決を言い渡す！」

そう言うと、近くにいた二人の人間を指さしました。一人はサンフランシスコ岡山県人会々長・一安博孝氏、もう一人はサクラメント日本人会々長・佐藤力太郎《さとうりきたろう》氏です。お二人とも見事な禿頭《とくとう》でした。福田先生は二人を指さしておいて、こう言い放ちました、

「一安、佐藤のアタマは光りすぎ。灯火管制（夜間、空襲に備えて灯火を消さなければならないこと）で捕らわれたり！」

どっと笑いが起こりました。ふさぎ込んで下を向いていた人たちが一斉に顔を上げ、白い歯を見せて大笑いしています。福田先生はその後も次々に誰かを指さしては、面白おかしく判決を下していきました。みんな腹を抱えて笑っています。隣の人と肩をたたき合って大笑いする声で列車の音も聞こえないほどでした。見張りの兵士さえ、その雰囲気につられて笑っていたといいます。

「皆さん、何も心配することはありません。考えたってどうしようもないことをあれこれ心配することを、取り越し苦労と申します。これが健康には良くないのです。我々は健康

だけが拠りどころです。健康を維持するためには常に楽な気持ちでいなければなりません。いちばん楽な気持ちは、一切を神にお任せすることです」

誰もが絶望している中、福田先生の言葉に、車内が一気に明るくなったのでした。

「おかげは和賀心《わがこころ》にあり」

『天地書附』が教えているとおり、「和」で和《なご》やかに和《やわ》らぎ、調和し、感謝し、また「賀」で、喜び、楽しむ。そのような心であれば、「おかげ」はいつでもどんな状況でもいただくことができるのです。

福田先生は抑留所で審問を受けた後、テキサス州やニューメキシコ州などの集合センターを転々とさせられました。六年もの間、収容所生活を余儀なくされたのです。福田先生が収容所を出ることができたのは、終戦（一九四五年）から二年経ってのことでした。その間、福田先生は収容所内でも金光教の教えを説き、冗談を言っては人々を笑わせました。希望と勇気を与えたのです。早朝の礼拝、週数回の集会講演などを行ない、年次の祭典も開きました。収容所のほとんど全員が祭事に参加したこともあったということです。このことは福田先生の東京帝国大学時代の同級生・福林正之氏の著書『神様になった怪傑　わが友・福田美亮のことども』（鏡浦書房、昭和四三年）にあります。

忠誠登録

日本軍による真珠湾攻撃、それに続く太平洋戦争、第二次世界大戦はアメリカ在住の日系人社会にも大打撃を与えました。それでなくても差別と偏見の中でのアメリカ生活は楽ではなかったはずですが、日系人はアメリカ国籍を取得した二世も含め、アメリカ社会からますます猜疑と不信の目で見られるようになったのです。

日系人が住む地区では規制が布かれ、家宅捜索、財産没収、銀行口座の凍結などが日常茶飯の出来事となり、日系人はさらに厳しい状況に置かれたのです。

真珠湾攻撃の翌一九四二（昭和一七）年には、西海岸の各州で、「この地域からすべての日系人を排除することが軍事上必要である」との政令で、日本国籍の日系一世のみならずアメリカ国籍を持つ日系二世、またその子どもの三世まで、日本人の血を引く住民すべてが街を追われ、家畜のように貨物列車に詰め込まれ、「集合センター」という名の収容所に送られました。実に一二万人余の日系人が、集合センターに送られました。彼らは短期間のうちに自分たちの街からの立ち退きを命ぜられ、わずかな荷物を持ち出すことしか許されず、財産だけではなく、社会的地位さえ放棄させられたのです。

集合センターは砂漠や荒れ地に急ごしらえで建てられた、バラックの掘っ立て小屋でし

12万人の日系人が米国各地にある収容所に入れらました。

た。有刺鉄線と監視塔に囲まれた、物々しい雰囲気です。老いも若いも、男も女もそこに詰め込まれ、厳しい暑さ寒さの中、粗末な食事で生活しなければなりませんでした。数か月後、アメリカ国内一〇か所に作られた常設強制収容所に移動させられました。その後、住居宿舎が改善されたり、スポーツや娯楽などが企画されたりし、最低限の生活ができるだけの環境になっていきましたが、囚われの身としての暮らしは人間としての誇りも自由も奪われた屈辱的な生活でした。

アメリカ連邦政府は、日系人の中でもアメリカに忠誠を誓う者については収容所から解放し、西海岸から離れた地で住居と仕事を供給したり、またアメリカ軍隊へ入隊させるなどの策を取りました。およそ一二万人もの大量の日系人の収監を、そうそういつまでも続けることができなかったのです。

そこで連邦政府は「忠誠登録」（Loyalty Registration）なる文書を作成し、強制収容所にいる日系人たちのアメリカへの忠誠心を計ろうと考えました。「出所許可申請書」と書かれたアンケートが、一七歳以上の日系人収容者に対して行なわれました。何の説明もないまま行なわれたこのアンケートは、日系人に大きな混乱を与えたのです。

たくさんの質問中、特に戸惑いを与えたのが、

質問㉗「アメリカ軍に参加し、いかなるところにも行って戦闘任務に服しますか？」

質問㉘「日本国天皇への忠誠を破棄しますか？」

というものでした。

日本生まれの日系一世と、アメリカに生まれ育った日系二世では、たとえ親子であっても、アメリカへの思いには少なからず温度差があります。アメリカに忠誠を誓うもなにも、一世にとっては、アメリカ政府から市民権の取得さえ拒否されたのですから、どう答えてよいやらわかりません。日本への忠誠を否定すれば、無国籍という状態になってしまいます。ましてやアメリカ軍への兵役など、とんでもないことでした。女性や老人にも兵役についても同じ質問がなされましたが、皆同様に返事に窮していました。

結局彼らは質問㉗と質問㉘に対して、「ノー、ノー」と答えるしかありませんでした。しかし、そう答えると、アメリカに有害な人物とみなされ、厳戒態勢の収容所に送られたのち、日本へ強制送還となります。日本に帰るあてのない一世たちは、自分の意志とは裏腹に「イエス、イエス」と答えるしかありませんでした。イエスと答えた多くは兵士としてヨーロッパやアジア戦線に投入されたのです。

アメリカ生まれの二世たちの中には、アメリカ政府から、日本に忠誠心を持っていると思われていることに憤りを感じている人もいました。二世にとってはここアメリカが祖国です。アメリカ国民である自分たちがなぜ収容所に収監されなければならないのか。とうてい納得いくものではありません。さらに、自分たちを投獄した国のために戦え、とは何ごとかと憤慨する者も出てきました。

その一方で、アメリカ合衆国のために戦うべきだと主張する人もいたのです。家族の中でも答えが分かれ、あちこちで家族が崩壊しました。アメリカ軍に参加して一緒に戦うか、天皇への忠誠を破棄するか――この問いは〝踏み絵〟になりました。これまで手を取り合って支え合い生活してきた日系人がにわかに分裂していったのです。

㉗と㉘の質問に「ノー、ノー」と答えた人は「ノーノーボーイ」と言われ、アメリカ政府に最も不忠誠とみなされ、カリフォルニア州北部にある監視度の高いツールレイク収容

所に移送されました。すでにアメリカ国籍を取得していた者は国籍を破棄させられ、戦後、荒廃した日本へ送還されました。長くアメリカで生活してきた日系人の多くにとって、日本送還後の生活は想像を絶するものでした。言葉も通じない二世、三世たちは日本人に受け入れられず、貧しく厳しい生活をするしかなかったのです。結局その大部分が日本送還後、再びアメリカに「帰国」し、市民権の「回復」が進められたのですが、アメリカ「帰国」後も、日系人に向けられる目は相変わらず冷たいままでした。

「忠誠登録」は、アメリカ社会から排除するために収監した日系人を、合衆国への忠誠を問うことで兵士や労働者不足を補おうとした、矛盾に満ちた国策でした。そのために同じ日系人でありながら、人々は考え方の違いから対立し、不和が生じたのでした。

終戦後、収容所にいた日系人たちは、その事実をほとんど口外できませんでした。アメリカの地で生きていくしかない彼らがアメリカ政府に対して不満を言うことは、天に向かって唾を吐くようなものだったからです。抑留された一世、二世は抑留生活について多くを語ることはなく、その後、三世の活動家と指導者たちが裁判と立法によって連邦政府に対し、賠償金の要求を行なうことになりました。

一九八八（昭和六三）年。ロナルド・レーガン大統領は、「日系アメリカ人の市民としての基本的自由と憲法で保障された権利を侵害したことに対して、連邦議会は国を代表して謝罪する」として、強制収容された日系アメリカ人に公式に謝罪しました。そして現存者に限り、一人当たり二万ドルの損害賠償を行ないました。一九九二（平成四）年には再びジョージ・ブッシュ大統領が国を代表して謝罪し、賠償を終えました。

妻アリスとその両親

私の今の妻・アリスの母方の祖父母は、戦前岡山からカリフォルニア州、ローダイという田舎町にやって来た日系一世でした。土地を借りて、農業を営んでいたのです。日本に二人の子どもを置いてきましたが、アメリカでさらに七人の子どもに恵まれました。すっかり土地になじみ、生活も安定してきていたころ、太平洋戦争、第二次世界大戦が始まったのです。これまで築いてきた生活の一切を捨て、「集合センター」へ収監されたのは、アリスの母ジェーンが一六歳のとき一九四二（昭和一七）年のことでした。

一家は貨物列車に詰め込まれ、アーカンソー州に向かいました。車内の窓はカーテンで閉め切られ、外が見えないようにしてあったそうです。数日後やっと列車から降ろされました。たどり着いたのは、みすぼらしいバラック建ての小屋でした。小さな部屋に、ぎゅうぎゅうに押し込まれました。トイレやシャワー室には仕切りもなく、プライベートもまったくありません。

ここで「忠誠登録」が行なわれました。対象者は一七歳以上だったので、ジェーンは答えることができません。両親と兄たちの答えは「ノー、ノー」でした。アメリカで生きていくためにやむなく「イエス、イエス」と回答する者が大半だった中で、自らの意志を貫き通した父親とその家族は、監視の厳しいカリフォルニア州のツールレイク収容所に送られることになり、再び列車に乗せられ、四、五日かけてやっとツールレイクに着き、そこで敵対外国人としての扱いを受けながら終戦まで過ごしたのです。

終戦後、やっと収容所を出られることになった一家ですが、父親は日本の敗戦を信じられず、家族全員で日本に帰ることにしたのです。ところが、ジェーンのすぐ下の弟・ベンはどうしても日本へは帰らないと言い張ります。ベンは生まれ故郷のアメリカを離れたくなかったのです。父親は力ずくでも連れて帰ろうとベンを何度も殴ったそうです。ベンは血だらけになりながらも、動こうとしませんでした。

根負けした父親は、一五歳のベンを一人残し、後ろ髪を引かれる思いで日本に帰りました。

横浜港に入港したとき、焼け野原で何もなくなった町を目にして、日本の敗戦が本当だったことを知りました。帰国したことを悔やみ、泣いて子どもたちに詫びました。それからの生活は悲惨なものでした。二世の子どもたちにとって、日本は「外国」なのです。言葉も通じません。敗戦国日本には、食べるものも着るものも、仕事も何もない状態だったのです。

アメリカに一人残ったベンは、働きながら苦学して医者になりました。日本に帰ったジェーンと他の兄弟姉妹たちにとって、アメリカこそが故郷。彼らはアメリカに帰りたいと切望していましたが、日本に帰国する際に市民権を失っています。そこでベンがスポンサーになり兄弟姉妹たちをアメリカに「帰国」させました。一九五〇（昭和二五）年、ジェーンもそうして再びアメリカに帰ることができたのです。

数年後、ジェーンはアメリカで中国系一世の男性と結婚し、現在の私の妻・アリスが生まれました。ジェーンはキリスト教信者でしたが、その娘アリスはひょんなことから金光教とご縁をいただくことになります。アリスとの出会いについては後ほど紹介します。今、アリスは私と共に金光教の布教活動をしております。

「生きる。生きる」

サンフランシスコ教会三代目の教会長は松井文雄先生でした。松井先生は山口県の金光教岩国教会のご子息です。奥さまの文子さんはハワイ・カウアイ島の出身でした。二人は戦前日本で知り合い、将来を約束していました。文子さんは得意な英語を生かして、広島の軍の施設で通訳や翻訳の仕事をしていました。

一九四五（昭和二〇）年八月六日朝。いつもどおり軍の施設に向けて通勤途中でした。蒸し暑い日でした。一日の活動を始めようとみんな動き回っていました。そして八時一五分。あの原爆が投下されたのです。

文子さんは、気が付くと多くの人と一緒に道端に並べられていました。意識は朦朧としています。見ると、体中ひどいやけどを負っています。炎天下。やけどで肌を失ったむき出しの身体に、夏の日差しが容赦なく照りつけます。自力で動ける者はいません。見ている間に一人、また一人と亡くなっていきます。道端に横になり、自分の死の番が回ってくるのをただ待っているよりほかありませんでした。

同じころ、家族や松井さんは文子さんを必死に探していました。松井さんは、このとき生まれて初めて、我を忘れて神に祈ったそうです。「いてもたってもいられない境地だった」と、ずっと後になってその言葉を、私は聞きました。

道端に寝かせられたまま、何日そうしていたことでしょう。文子さんはあるとき、「生きる。生きる」という声を聞きました。どこから聞こえてきたのかとても不思議に思いながらも、「ああ、私は生きることができるのだ」と思ったそうです。

数日後、文子さんの家族と松井さんは、横たわっている大勢の中から文子さんを見つけました。変わり果てた姿に、家族は思わず尻込みしました。しかし松井先生にとっては、いつもと変わらない文子さんでした。

「前の文子と少しも変わっていなかった」と、おっしゃっていました。

終戦後、お二人は金光教学院に入学します。戦時中の様々な体験が、信心を目覚めさせることになったのだろうと思います。その後、学院の講師を務めましたが、アメリカでの布教を決意し、一九五二（昭和二七）年、サンフランシスコ教会に来られ、北米の金光教布教に尽力されたのです。その数年後、私は松井文雄先生のもとで、サンフランシスコ教会に再び御用をするようになります。

（第五章）天国は地獄の下に

楽園ハワイへ

一九七一（昭和四六）年から二年余りサンフランシスコ教会に滞在したのち、日本の金光教本部からの要請でハワイ教会に行くことになりました。

ハワイはさすが常夏の国です。一年中温暖で、食べ物は良く育ち、いつも花は満開です。海には珊瑚礁が広がり、いろんな魚がいます。人々は陽気で、アロハ（ようこそ）の精神で外からの人を迎え入れます。まさに楽園です。とはいえ、まだ言葉のハンディが大きくのしかかり、本部の要請をお断りして日本に帰国するかどうか迷っていました。

二年間の滞在で、アメリカ人の考え方や気風など、なんとなくわかり始めたところでした。この地における金光教の在り方や役目などもようやくつかみ始めたところで、その事情を知るほどに、布教の大変さ、難しさが身に染みるようになっていました。言葉や文化や生活習慣、考え方、価値観の違いなどが大きいのです。日本の宗教をここで伝えるのは容易ではないことを思い知らされていました。日本に帰り、日本で布教をすれば、そのような基本的なハンディはないわけですから、もっとたくさんの人々に伝えることができ、たくさんの助かりをいただくことができます。しかし、ここアメリカではそのようにはいきません。

悩みに悩み、もしここアメリカで一人の人を助けることができれば、それは日本で百人を助けるのと同じほどの価値があるのではないか、そう考えました。難しいからこそ、挑戦する価値があるのではないか。そう思い至りました。日本に帰ろうかという迷いはあったものの、二年間もアメリカで布教の難しさを学んだ私だからこそできることがあるのではないかと思い直しました。アメリカにとどまり、ハワイに行くと決めました。

一九七三（昭和四八）年。一一月。ハワイ・オアフ島、ホノルルの地に降り立ちました。パールハーバーにほど近いワイパフ教会に教会長として赴任したのです。ハワイ教務所の所員としても兼務で働くことになっていました。

オアフ島にはホノルル教会、ワイパフ教会、ワヒアワ教会の三つの教会が、カウアイ島にはハナペペ教会。マウイ島にはワイルク教会、そしてハワイ島にはヒロ教会と、ハワイには六つの金光教会があります。

同じオアフ島にあるパイナップルの街、ワヒアワの教会には、当時福岡からいらした石井弘道先生が務めておられ、石井先生と二人で布教活動をしながら、教務所を切り盛りしていきました。

四つの島にまたがる六つの教会をまとめ、管理していく教務所の仕事はなかなかのハードワークです。折も折り、その年はハワイ布教五〇周年祭を迎える年で、盛大な式典が予定されていました。早速石井先生と共に式典の準備に取りかからなければなりません。日本はもとよりアメリカ本土、ハワイ各島々から、五〇〇名余りの方々を迎える大きな式典です。手落ちがあってはなりません。私に与えられた仕事はプログラムの小冊子づくりですが、ハワイにある六つの教会の意見をまとめるのはなかなか大変な作業でした。

話し合いを重ねていくうちに違った意見も生まれます。思うように進まず、イライラが重なってきました。あるときいつものようにお祈りをしていました。しかし、心は粗っぽい感情に占領されて、気が付くと、腹を立てながらお祈りをしていたのです。心静かに落ち着いて神前に座りたいのですが、心がざわついて静まりません。

突然、「ドカーン！」という音が響きました。

何ごとかと目を開きました。あまりにでっかい音に、神棚が爆発でもしたのかと思いました。しかしあたりはふだんどおりです。大きく波打っていた心臓が落ち着きを取り戻し、そこで気が付きました。

「自分の心は実に小さい。まるで針の穴から世界を見ているようなものだ。小さい、小さい。神の視点から見たら、相手の立場も理解できるではないか。常にそのような心持でいなければならない」

ドカーンの大音声は、神が私にくださったご助言だったのです。

その後も準備には神経を使いましたが、イライラするたびそのことを思い出しました。小さい、小さいと。おかげでハワイ布教五〇周年記念式典は成功に終わりました。ハワイでの最初の大仕事でしたが、おかげをいただいて乗り切ることができました。

ソリの合わない養父と養子

私にとって教会長としての初任地・オアフ島ワイパフ教会の初代教会長は、園田三太郎先生でした。

一九三八（昭和一三）年。園田先生は奥さまのスエカ様と共に、この地で布教を始められました。当時、金光教を知る者もなく、ただただ神前に座ってワイパフの人々の助かりを祈念されていました。ようやくお参りの方も増えつつあった一九四一（昭和一六）年、日本軍が真珠湾を攻撃したのです。真珠湾はワイパフからは目と鼻の先にあります。

このあと園田先生は敵国指導者として捕らえられ、アメリカ本土の収容所に送られました。アメリカ本土では、日本人の血を引くすべての日系人が収監されましたが、ハワイでは指導者のみでした。当時、ハワイ在住の日系人は全住民の約三七パーセントに相当する一五万人以上で、日系人がいなくなっては社会が成り立たなくなるためでした。

戦後解放された園田先生はオアフ島に戻り、鳥取一郎氏という熱心な信者の小さな家の二階を借りて、布教を再開されました。

その鳥取一郎氏のことに触れなければなりません。

鳥取氏は旧姓を泉といい、広島で生まれ、オアフ島の鳥取家に養子に入りました。養父はハワイの郷土料理「ポイ」を製造する経営者です。日本の山芋のような食べもので、すりつぶして食します。

鳥取氏はその養父とそりが合わず、家を出て、一文なしから土地を借りて百姓をしていました。金光教の熱心な信者だった鳥取氏は、本土での抑留生活から帰って来た園田先生に、小さな自宅の二階部分を提供し、教会活動に使ってくださるように申し出ました。自分たち家族六人は狭い一階部分での生活です。なかなかできることではありません。金光教の布教のためならと、自分たちの欲を手放してご奉仕してくださったのです。

あるとき鳥取氏は、園田先生の親先生である金光教ホノルル教会長児玉政行《こだままさゆき》先生から、

「親と子の関係は、ちょうど首から上が親で、首から下が子どものようなものです。親と子がバラバラなのは、頭と身体がバラバラであるのと同じです。お互いに尽くし合い、感謝し合ってこそ、頭と身体が双方助かります」

と言われました。

頭と身体が一つとなったとき、人間の身体として本当の意味で機能するようになります。親と子も、互いに感謝し合い、支え合ってこそ、助かっていくのです。

このひと言以来、鳥取氏はこれまでの行ないをがらりと改めました。養父に対して孝養を尽くすようになり、やがて養父母の経営するポイの加工会社を継ぎ、ポイだけでなく、もやし、サラダその他の食品の加工販売を手広く行なうようになり、ハワイ最大の食品会社に成長しました。

養父は亡くなるとき、鳥取氏に涙を流してお礼を言いながら旅立たれたそうです。鳥取氏は、「親子共ども、これで本当に助かることができた」と、金光様のお導きに心から感謝し、しみじみ「感謝」の実践の大切さを確信したそうです。

「子どものことは親が頼み、親のことは子どもが頼み、天地の如し、あいよかけよで頼み合いいいたし」

生神金光大神様の言葉どおり、互いに思いやる心は和賀心、調和と喜びを与えてくれるのです。

自衛隊教育隊校長との再会

私が海上自衛隊呉教育隊に入隊したのは高校を卒業したばかりの一八歳でした。そのときの教育隊の校長・上村嵐《かみむらあらし》先生は旧日本海軍出身で、新米自衛官にとっては、筋金入りの、鬼軍曹より怖い存在でした。何度も死ぬような目に遭いながらも、そのたびに強靭な精神力で生き抜いてこられた先生です。

太平洋戦争勃発時、二二歳だった先生は、真珠湾攻撃に際して機関兵として山本五十六海軍大将指揮の戦艦「長門」に乗り参戦。真珠湾攻撃ののち、一度目はガダルカナル島沖で、二度目はレイテ島沖において艦艇が撃沈され、二度にわたって遭難した経験を持つ、まさに激戦を生き抜いてきた方です。

船が撃沈され海上に投げ出された際、二、三日太平洋のど真ん中に一人浮いていたといいます。何千人という乗組員のほとんどが海の藻屑と消え、生き残ったのはわずか数名。

力尽き、海中に沈んでいきそうになりましたが、その都度、手を合わせ神に祈ったそうです。自分を待っている家族のために、何としても生き延びて祖国の土を踏みたい。その一心でした。何かの力が先生を海面へ押し上げ、何度となく命拾いしたのでした。そして運よく、救助隊に助けられたのでした。

そのような方の下での訓練ですから、それは厳しいものでした。柔道で鍛えていたとはいえ、その何十倍も厳しい訓練に、ついていくのがやっとでした。同期生は二〇〇名いましたが、あまりに厳しい訓練に除隊する者も出てきました。

早朝の起床ラッパで飛び起きると、着替えてベッドを整頓し、部屋を出て階段を駆け下り、建物の前に全員がきちんと集合しなければなりません。慣れないうちは全員集合まで一五分ほどかかっていました。隊長は五、六分で完了するよう厳命しました。一人が遅れると、全員ベッドに戻され一からやり直しです。それでもできないと、寝具を頭に乗せて宿舎の周りを何周も走らされます。必死にならざるを得ません。

あのころ、なぜ一人の落後者のせいで全員が処罰されるのか、私には納得がいきませんでした。しかし、もしこれが訓練ではなく実際の戦闘だったら、一人のミスで皆が命の危険にさらされてしまうのだと後になってわかりました。新入隊員はそうして、甘かった肉体と精神を叩き直されるわけです。

訓練の中でも、小舟《カッター》の訓練は厳しいものでした。一二人乗りのカッターに乗り一斉にオールを漕ぐのですが、一人でも遅れ全員がそろわないと、うまく前に進みません。すかさず教官の棒が飛んできます。手の皮がむけ、尻の皮がむけ、猿の尻のように真っ赤になりました。風呂が大変です。尻に湯が当たると、飛び上がるほど痛むのです。

そのような訓練を受けながら、柔道の稽古も続けていました。

上村校長先生は柔道五段の腕前です。時々道場で若い連中と一緒に稽古をします。ふだんは話しかけることも叶わない雲上人でも、畳の上では柔道を志す者同士です。緊張しながらも相手をしてもらい、誇らしい気持ちになりました。

まさか一〇年後、尊敬してやまないこの校長先生に、ハワイで再会できるとは夢にも思わないことでした。私はハワイでも柔道の稽古は欠かさず続けていました。柔道の先生が上村校長の親友だとわかり、その先生から、上村校長先生が海上自衛官を退職し、真珠湾にあるアリゾナ記念館に参拝に来るということを聞きました。かつて自分たちが攻撃した真珠湾・米国海軍の慰霊碑にお参りに来島するというのです。私は柔道の先生の手伝いとして上村校長先生をはじめ十数名の海上自衛官上級幹部を迎え、ワイパフ教会で歓迎会を催したのです。まさかハワイで会えるなど、びっくりなさったことでしょう。世界一周航海を目前に海上自衛官を退官した私ですが、こうしてかつての教え子に歓迎を受けたことを上村先生はとても喜んでくださいました。

日系三世と結婚

ハワイでの生活は私にとって大きな変化となりましたが、もう一つ、新たな出発がありました。サクラメント出身の日系三世の女性との結婚です。天にも昇るような気持ちでいました。

妻の外見は日本人ですが、アメリカで生まれ育ち、アメリカの学校で教育され、考え方、習慣、生き方、思想、価値観など私とはずいぶん違いました。一緒に生活を始めて改めて気が付くことがたくさんありました。

日本には「なくて七癖」ということわざがあります。人は、何らかの癖や性格を持っているものです。ましてや違う国で生まれ育った者同士ですから、一緒に暮らすのは簡単なことではありません。愛があればいい、という単純なものではないようです。渡米から二年経っていましたが、相変わらず私の英語能力は未熟のまま、考えをきちんと相手に伝えることもできず、相手の言うこともすべては理解できませんでした。言葉が不十分な上に、アメリカ社会に対する知識もありません。結婚生活をしていく上で、価値観を共有するということは難しい状況だったと思います。

イエスやノーといった簡単な言葉でも、実際の生活で使い方を間違うと、誤解を生んで大変なことになります。日本人は「はい」「いいえ」をはっきり言わない人種という定評があり、いい加減だと誤解される傾向にあるようです。こちらとしては、イエスでもないノーでもない、白黒つかないことがあるのですが、どうも、アメリカ人には、「白でも黒でもない、灰色」という感覚はあまりないようなのです。「以前には黒だと言っておいて、今度は白だという。状況によって答えが変わるのはおかしい。不誠実ではないか。答えがコロコロ変わるのはいい加減で、信用できない」という展開になってしまうのです。

妻とも何度もそのような状況になりました。しかし、それにどう対処すればいいのかも、そのころの私にはわかりません。今でこそ、経験から少しは学び、「白でも黒でも、灰色でも、そこに感謝の気持ちや思いやりの気持ちがあれば、何の問題もない」と言えます。感謝の気持ちで接すれば、どっちに転んでも、そこに両方が納得する道が不思議と生まれてくるものです。若かった私にはそこまで余裕はありませんでした。「ありがとう」という感謝の気持ちが大切なことはわかっていたつもりでした。しかし、まだまだ理解が甘かったのです。感謝の心が夫婦の関係に大きく影響するということをそのときはまだ本当に理解してはいませんでした。

絶望

結婚生活では、未熟な自分を思い知らされるばかりでした。三人の子どもに恵まれ、一見、少しずつ落ち着いてきたかに見えました。しかし、その楽観は突然崩壊しました。妻が三人の子どもを連れてアメリカ本土サクラメントの両親のところに帰ってしまったのです。

このときばかりはどうすることもできず、打ちのめされました。一人取り残され、何のためにがんばればいいのか、何のために生きればいいのか、目標をなくして、目の前が真っ暗になりました。両手両足をもぎ取られたように、生きる望みを失っていました。

これまで金光教で何を学んできたのでしょう。人々の幸せを願い、精進していたつもりが、家族の幸せも叶えることもできなかったのです。子どもたちには申し訳なさでいっぱいでした。償いたくても子どもたちはもういません。何をしてきたのだろう。努力したと思っていたのは思い上がりだったのだろうかと、絶え間なくいろいろな考えがよぎります。私の結婚生活は綱の上を渡るように危なっかしいものだったのです。自分の無力さを思い知らされました。

心も身体も人一倍鍛え上げてきたと自負していましたが、ここに来て、人生のどん底を味わい、絶望していました。ついに進退窮まって、私は神前にナイフを奉り、「これまで私が信じて突き進んできた道は間違っていたのでしょうか」と神に問いました。一番大切な家族を幸せにできなかった自分など、生きる資格があるのでしょうか。生きるべきか死ぬべきか、神に問いました。これまでの人生が何の意味もなかったとしたら生きている意味などないではないか、と神に答えを求めたのです。

神棚に向かって一晩中祈り続けました。空が白々と明けてきました。朝五時半には信者さんがお参りにやってきます。その時刻が近づいたとき、私の耳に声が聞こえてきました。その声はまるで鈴が鳴っているようにリーンリーンと心の中で響き渡り、「今、あなたが通っているところは、ほんの序の口。まだまだこれから。人生これからぞ」と言っています。

私にとってはこれまで経験したことのない最大級の苦しみなのに、「まだまだこれから」と言うのです。

……そうか、これはまだ序の口なのだ。

私は開き直っていました。

「そうなのか。ならば、これからは何があっても動じまい。どんなことからも逃げずに立ち向かっていこう」。そう思えたのです。

「天が下の者はみな、神の子どもである。天が下に他人はない。人の身が大事か、わが身が大事か。人もわが身もみな、人である」

教祖様のお言葉です。

「天が下には他人はない」のです。

「自分の家族ほどかわいいものはない。その家族を助けられなかった私は、これからより一層精進し、たとえよその子どもでも自分の家族として、一心にその人のために祈ろう。誰でも、大切な家族として接しよう。そうして徳の貯金をしていれば、いずれ私の子どもたちへも、神のおかげが届くだろう」

そう思うことができたのでした。

「天国は地獄の下にある」という言葉を聞いたことがあります。

地獄のような苦しみの中では気付くことはできなくとも、それを乗り越えた先に、大きな気付きを与えられたことを知る――ということでしょう。そしてすべてに感謝できる自分になれるのです。以来、私は「天国は地獄の下にある」と考えるようになりました。

「難はみかげ」といいます。

人は苦しみの中から大切なことを学ぶのです。そのときは辛く苦しくても、難をいただき、それを乗り越えた先に、大きく成長した自分に気付くのでしょう。

しばらく家族と離れて一人暮らしです。雑念を振り払い、教会のお務めに全エネルギーで向かいました。もちろん、一家の大黒柱として家族の生活を支えなくてはならないという思いは常に心の中にあります。ふと気が付くと、想いは家族のところへ、妻や子どもたちとの思い出の中に浮遊しています。こんなことではいけないと思いながらも、引き寄せられていくのです。

遠くに住む家族を案じながら、こうして定まらない心で神に仕えるよりも、家族のもとで心穏やかに過ごし、神に信心して行こうという気持ちになったのです。ハワイの教会に勤めたいという人がいるということを聞いた私はすぐに日本に赴き、その方を訪ね、ワイパフ教会へ来てくれるよう要請しました。ワイパフ教会の教会長を引き継いでもらい、私は家族の住むサクラメントへ移りました。家族のそばで生活を始めたのです。

サクラメントで社会勉強

一九八〇（昭和五五）年。常夏のハワイをあとに、アメリカ本土のサクラメントに移りました。一人、アパートで生活しながら、近くにある妻の実家に暮らす三人の子どもたちともたまに会うことができるようになりました。

サクラメントにも金光教教会はありますが、すでに教会長が在籍しています。私の御用の場はありません。私は豆腐製造会社に勤めながら、一信者として金光教会にお参りすることにしました。

アメリカでは、ダイエット食品が盛んに出回るようになって、日本の豆腐の需要が急激に高まっていました。肉に代わるたんぱく質として、ダイエットにも効果的だと重宝がられるようになっていたのです。大都市だけではなく小さな町にも豆腐工場ができ、アメリカ人が当たり前のように豆腐を食する時代になっていました。

私の勤務した豆腐会社は、日系三世が経営する会社です。教会のすぐ近くにあり、始業は朝四時からですが、その前に教会でお参りを済ませます。教会の門は閉まっているので玄関の前に立ち、そこでお参りするのです。

午後三時過ぎに仕事が終わります。職場を出るとその足で教会に行き、お取次をさせていただきました。会社は週六日勤務だったので、日曜日となると、教会でお手伝いです。こうして二年間、一信者という立場で信心修行をさせていただきました。

アメリカで布教活動をするからには、アメリカ社会を知らなければならない。教会の中だけで仕事をしていたのではアメリカ社会を理解することができない、と常々感じていました。それなしにはアメリカ国民に布教することなどできない。だから、そういう意味での社会勉強をしなければならないと思っていたのです。

サクラメントの二年間は、そうした社会勉強のいい機会でした。様々な人種の方がいます。いろんな考え方があります。会社のルールも、近所づきあいのルールも、社会のルールもあります。良いこと、悪いことすべて学びでした。

豆腐会社でベトナムから来たという女性と一緒に仕事をすることになりました。彼女は「子どもをベトナムに残してきている」と打ち明けながら、ベトナムから子どもを出国させたいのだが、お金がなくてそれが叶わないでいると言います。それが心配で、気が気でない様子でした。

「その費用はいくらくらいかかるのですか？」と尋ねると、「二〇〇〇ドル必要です」と返ってきました。

彼女のおかれた状況を心底不憫に思いました。何とかしてあげなければなりません。世間知らずの私は、貯金を引き出し、その女性に貸しました。

翌日からその女性の姿が見えません。会社に来なくなりました。「これはだまされた！」

と思ったものの後の祭りです。「他人に金を貸すときには、やると思え」という教えを思い出し、その女性を恨むより、彼女にそういう罪を犯させたことを、神様にお詫びしました。これも一つの学びでした。高い授業料でした。

アメリカでは、「人のものを取るより、取られるほうが悪い。取るほうは頭がよく、取られるほうは間抜けである」という表現があります。なるほどそうです。私は間抜けだったのです。

働く

豆腐会社の仕事はかなりハードな肉体労働でした。

最初、社長は私を宗教家と知って、内心、何日続くかなと思ったそうです。事実、かなりの重労働でした。二、三日働いて、すぐ辞める者も後を絶たない様子です。

社長面接のとき、「あなたは一時間、いくらで働きたいですか?」と聞かれました。アメリカでは、最初に自分から希望する賃金を示すことを初めて知りました。あとは話し合いで、雇い主と雇用される者との契約が決まります。それも知らない私は正直に、「私はお金のために働くわけではないので、いくらでもいい。だからそちらで決めてください」と伝えました。雇い主にとっては都合のいい話です。もちろん最初の賃金は最低ランクでした。いいのです。私の仕事ぶりを見てほしいと思っていたのです。仕事の出来によってそれに相当する給料をくだされればいい、と思っていました。

社長はちゃんと私の働きを見ていました。二年後、従業員の中で、私は一番の高給取りになっていました。社長は私の働きぶりを見て、信頼を寄せてくださるようになりました。日給制は月給制になり、責任者として働くようになりました。

私は愛媛県松山市の中島という小さな島で育ちました。松山には有名な、正岡子規という歌人がおられます。

「柿食えば　鐘が鳴るなり　法隆寺」

正岡子規の代表作です。その正岡子規は、次のようなことを言っています。

「人間は最も少ない報酬で最も多く働く人ほど偉い人ぞな。一の報酬で一〇の働きをする人は、一〇の報酬で一〇の働きをする人よりも偉いぞな。人は友を選ばんといかん。日本には正しく学問のできた人が多い」

誰もが生活するために仕事をします。少しでも高い給料をもらいたいというのが心情です。現代ではいかに給料の高い会社で働くかが重要になってしまいました。とはいえ、労働はお金のためだけではないというのも一方の真理です。

人の役に立ちたい。喜ばれたい。何かを達成したい。そのように、自分の心の充実のために働く、という側面は否定しきれません。要は、自分は何を大切に思っているのか、どんな目的で働きたいのか。自分自身をしっかりと見極める必要があるのではないかと思います。

もちろんお金は必要です。働いた分相応の手当てをもらうのは当然です。気持ちよく、良い仕事をして、人の役に立ち、それ相応の手当てをいただく。自分の仕事が、自分だけではなく周りをも幸せにできたら、その人生は大きな意味のあるものになるに違いありません。「偉い人ぞな」と、正岡子規も褒めてくれるかもしれません。

豆腐会社で働き始めてから数年経った一九八二（昭和五七）年のころです。サンフランシスコ教会から連絡が来ました。若い先生が日本に帰国し教師が不足しているとのことです。サンフランシスコ教会に再度来てほしいというご依頼です。豆腐会社では責任のある仕事をさせていただいていましたが、いつまでも社会勉強をしているわけにもいきません。やはり私は、教会で人々のために御用をするべきだろうと思いました。

一時は家族のためにも、教会の仕事を辞めて、このまま会社で働いて、一般人になってしまいたいと思わないでもありませんでした。教会をきっぱり辞めてしまえば、妻とも元のさやに納まるかもしれないという一縷の望みを捨てきれなかったのです。妻との関係は微妙です。再びサンフランシスコに行くとなれば、妻との離婚は決定的なものになるかもしれません。苦しい選択でした。しかし、サンフランシスコに帰ることを決意しました。

再びサンフランシスコへ

一九八二（昭和五七）年、北米地区教務所の勤めを兼務して、サンフランシスコ教会に再び御用することになりました。最初の滞在からおよそ一〇年経っていました。再びこの教会に帰って来られるとは想像もしていないことでした。これも神の計らいに違いありません。しかし状況は一〇年前とはずいぶん変わっていました。

戦前に日本からアメリカに来られた方たちを一世と呼びます。私のように戦後来た者は新一世です。こちらで生まれ、こちらで教育を受けた者は二世です。こちらで生まれたが、日本で教育を受けて再びアメリカに帰って来た者を帰米二世と言います。

この区別は、こちらアメリカでは重要なポイントです。同じ日系アメリカ人でも、その生い立ちが違えば、思想や考え方、習慣などがまるで違います。外見は同じ日本人に見えますが、二世、三世になると、ほとんどが日本語もわかりません。

私が再び着任したころ、戦前からいらした一世の方たちは、ほとんど亡くなられていました。二世や、帰米二世の人たちが信者の中心になっていました。一〇年前は、初代教会長の福田美亮先生の奥さまの福田真子先生が教会長でしたが、真子先生はすでにお亡くなりになり、三代目教会長には松井文雄先生が就任されていました。

これまでの北米における金光教の役割は、戦後の日系人社会の基盤を立て直すことが一番の目的でした。金光教を信心するのは一世の世代の人たちや、こちらに来ている日本人が中心だったからです。教えの内容もそうした日本人向けのものでした。

しかし松井先生の目指すところは、「現地人の、現地人による、現地人のための布教」です。そのころ日本人社会の中心となっていたのは二世や帰米二世、また三世、四世です。つまり日系アメリカ人にはもちろん、現地のアメリカ人に向けて布教する教会の体制にしなくてはなりません。私たちの仕事は、金光教の教えを現地の人にわかりやすく英語に翻訳し、それを英語で伝えることでした。同時に、現地人の教師養成も重要な仕事の一つとなっていました。

出会いを求めて

サンフランシスコに帰ってほどなく、妻との関係は決定的となり、正式に離婚となりました。覚悟はしていたものの大きなショックでした。三三歳になっていました。

その後、再婚の話もちらほら出るには出るのですが、なかなか思うように事が運びません。こちらが良くてもあちらにその気がない。反対に、相手が希望しても、こちらにその気がないという具合です。

あるときベネズエラからきていた二五歳の女性と出会い、互いに意気投合したことがあります。しかしその方には癲癇という持病がありました。予告もなしに突然倒れ意識を失ってしまうのです。ある日、彼女は家で倒れ、胸を強く打ちました。すぐに病院に担ぎ込まれ治療が行なわれました。その間、私は教会で彼女が助かるようにひたすら神に祈っていました。すると、「二五年間の命のお礼をしなさい。感謝をしなさい」という声が聞こえてきました。

どういうことでしょう。二五年という時間が定めだというのでしょうか。私には、素直にその言葉を受け入れることができませんでした。

「二五年の命など短すぎます。彼女の人生はまだまだこれからです」と、神に申し立てしました。若い彼女の未来がもうないなんて！　そんなことはない。理不尽でたまらなかったのです。治療の甲斐なく、彼女は亡くなりました。

再婚を前向きに考えていたものの、一年ほどぼんやりしていました。そんな気持ちになれないのです。とはいえ、このまま独り身でいるのは寂しい、という思いが深まるばかりです。これまでになく真剣に神に祈りました。

「世界には、何億という女性がいます。その中の、二人とは言いません。一人でいいのです。たった一人、大切にできる人をお与えください。私は教会の務めをしておりますので、その仕事を理解し、辛抱してくれる人と出会わせてください。その他は何も望みません」。

さらに、こう付け加えました。

「美人でなくても、金持ちでなくてもかまいません」

欲張るのはやめよう。多くの条件を付けたら、神様だってなかなか探せないだろうと思ったのです。悪条件のそろった私にはなおさらです。妻と三人の子どもの養育費を抱えた貧しい宗教者です。そこを何とかお願いしますと真剣に頼みました。

夢の中で、運命的な出会い

ある日夢を見ました。一人の女性が中国風のウェディングドレスを着て和室に座り窓の外を眺めています。顔はよく見えませんが、後ろ姿はとても愛らしく、女性らしい雰囲気のある人です。そのとき、彼女の父親らしき人の声が私の耳にささやいてきました。

「私の娘をあなたに紹介したい。娘は金持ちではないが、心はとても豊かです」

夢の中で、「そのような女性を求めていたのです！」と答えていました。

そこで目が覚めました。なんだ、夢か……と思いながらも、あまりにも現実的だったので、細かいところまでリアルに覚えています。何か意味があるように思えてなりません。

三か月ほど経った日のことです。夢などすっかり忘れていましたが一人の女性が教会にやってきました。その女性を見た瞬間、「どこかで会ったような……」と感じました。金光教の信者ではありません。初めての方です。

私の前に来ると、彼女は、こんなことを言うのです。

「私の名前はアリスと言います。母が今年六〇歳になるので、サプライズパーティーをしたいと思っていたのですが、予約した場所が突然ダメになったのです。あわてて別の場所を探しているのですが、どこか貸してくれるところはないでしょうか」

おやすい御用です。教会の一室を都合しました。

パーティーは滞りなく行なわれ、最後に参加者全員が教会の広前に集まりました。アリスが母親の前に立ち、学生時代に習い覚えたという手話を、英語の歌に合わせて披露しています。どういう意味か私にはわからないのですが、なんとも言いようのない神秘的なものを感じました。初めて見聞きする手話の歌に感動したのでしょうか、涙が止まらないのです。

パーティーは大成功だったようです。お礼を言いにアリスが私のところへ来ました。お礼の言葉と共に、初めてだという金光教教会について、いろいろ質問してくるのです。このような宗教があることなど知らなかった、祈りに入る前の私の柏手の様子を見て、「日本の変わった宗教なんだなと思った」などと言いました。彼女は、子どものころから日曜学校などにまじめに参加した根っからの熱心なキリスト教信者です。

母親ジェーンは日系二世です。お父さんは南中国の広東・台山《タイシャン》から来た中国系一世だったそうですが、五人の子どもを残して亡くなりました。それを聞いてドキッとしました。夢の中の父親の言葉を思い出したのです。たしかこう言っていました、「娘を紹介したい。金持ちではないが、心はとても豊かです」

アリスは、父親が亡くなったときのことを話してくれました。

「父が亡くなったとき、私は八歳でした。母も、兄弟姉妹たちも取り乱し、泣き叫んでいました。私も本当は大声で泣きたかったけど、泣くことはできませんでした。

父の死後、母は茫然自失したようになって、一か月もの間、自分の部屋から出てきませ

私、愛犬ありがとう君、妻アリスとアリスの母親ジェーン。

んでした。私はある日、母の部屋のドアを開け放し、『そんなに嘆いていてもしかたないでしょう。お父さんは天国で神様に守られているから、もう大丈夫。お母さんが頑張らないと、お父さん悲しむよ！』と母に言いました」

「お父さんはこれまでずっとあなたのそばにいて、守ってくれていたのですね。お父さんに感謝しないといけませんね」と私が言うと、アリスは、「父は遠い天国にいると思っていたけれど、ずっと近くにいてくれたのですね」と泣いていました。彼女は幼いころから泣くことを我慢していたそうです。彼女にとっての初めての嬉し涙だったようです。

それから、アリスはたびたび金光教に

通ってくるようになりました。少しずつ金光教の教えを理解し、やがて納得し、しまいには日本の金光教本部で学びたいと言うほどになりました。結局アリスは日本に渡り、金光教学院で修行することになったのです。短い修行期間でしたが、アリスにとっては何もかも初めての経験で、彼女の中で何かが変わったように見えました。

アリスの修行

日本に行く前、アリスは少々日本語を勉強していましたが、言葉の壁は厚く、なかなか意志の疎通ができずに苦労したようです。アリスの祖母は日本人で、母親のジェーンも少しは日本語を話せるのですが、三世のアリスはまったく日本語を話せません。

日本で修行中のアリスからサンフランシスコにいる私に手紙が届きました。手紙には、「いろいろな悩みごとを四代金光様にお取次願いたいのですが、言葉が通じないのでお取次ができません。どうしたらいいでしょうか」とありました。

そこで私は、「お取次は、言葉だけによるものではありません。心が伴っていなければいけません。言葉を使わなくても、心と心でお取次できるのです。一心に祈ってみなさい。学院や本部の研究所には英語を話せる人もいるので、そういう先生方に相談をしてみるのも、一つの方法です」と返しました。

彼女はそれをしっかり読み、四代金光様がお退きになったあと一人で広前へ行き、閉じているお結界《けっかい》の前で一時間余り、一心に心でお取次を願ったそうです。するとこれまで抱えていた悩みや不安がすっとなくなり、心が軽くなったそうです。

翌日のお参りのとき、四代金光様とふと目が合いました。優しく微笑みかけてくださるそのお顔を見たとき、「あなたの願いは受け取りました」と言われたように感じたそうです。

四か月という短い間でしたが、アリスにとっては自分の人生を変える大きな意味のある体験だったようです。後日のアリスの修行の感想文にはこうありました。

「学院での修行の一つに、畳の上に一時間ばかり正座するというものがありました。はじめは足が痛くて、長い時間座っていられませんでした。けれど、少しずつそれにも慣れて、長く座れるようになりました。

日本式のトイレにも戸惑いました。水洗トイレではなく旧式のトイレなので、その臭いには閉口しました。正直とてもいやでした。しかし神様は、私に足りないものが何かご存じだったかのように、どこに行ってもトイレ掃除をさせられました。毎日トイレ掃除をしているうちに、口から文句が出なくなりました。サンフランシスコの母が心配して、『トイレに行くとき使いなさい』とマスクを送ってくれましたが、それを見て大笑いしてしまいました。

山登りの修行もしました。午前三時ごろから歩き始めるのです。最初のうちは愉快に歩いていたのですが、数時間歩いていると、疲れて歩けなくなってしまいました。自分だけ車に乗せてもらうことになり、弱さを実感しました。サンフランシスコ州立大学で学んでいたときに柔道をしていたのですが、山登りは初めてでした。何もかも初めての経験でしたが、どれも素晴らしい体験でした。神様がこの御本部で修行をさせてくださる機会を与えてくださいました。そのことに対して心から感謝しています。

この数か月で、数年分の学びを習得させていただいたと思っています。

私の信心は、この体験を土台にして、これからも成長していくことを確信しています。この体験は自分にとって容易なことではありませんでしたが、将来において、大変価値のあるお恵みをいただきました。私はかつて感じたことのないほど神様を身近に感じることができました。

サンフランシスコに帰ってきましたが、私の修行はこれで終わりではなく、これからもずっと続いていくものだと思います。いま私たちの人生は、神の御意志とお恵みなくしては存在することはできないことを真に思わされています。皆様のお祈りと、お力添えに感謝します。ありがとうございました」

こうしてアリスの金光学院での修行は終わりました。

熱心なキリスト教信者だったアリスが、金光教教師を養成する学院の研修を終えて帰米。今や指導者的立場になりました。出会った当初、金光教の教義について繰り返し質問してきたアリスの中に、それが段々と腑に落ち、やがて大きな心の支えになっていったのでしょう。

アメリカの金光教で、三つの重要な要素は何だと思いますかと質問を受けたとき、アリスはこう答えました。

「一つめは御霊についてです。金光教と出会うまで、亡くなった人の御霊は遠く天国にいると思っていました。しかし今は、亡くなった父はいつもそばにいてくれていたのだと思います。父を身近に感じることができるのです。

二つめは神についてです。神は天の高いところにいらっしゃるのではなく、むしろ、低い、人間よりも下の、窪地のようなところにいらして、すべてを支えてくださっていると思います。

そして三つめは、「あいよかけよ」という考え方です。神は人を助けてくださいます。

しかし金光教では『あいよかけよ』で神と人とが共に助け合うと言います。そのような考え方は他の宗教にはないと思います。だとしたら、すべての関係もそれと同じで、上も下もないと思うようになりました」

金光教は、アリスに心の安らぎをもたらしました。その教えがアリスの心に深く浸透するのに、それほど時間はかかりませんでした。

アリスの日本での修行が終わり、アメリカに帰国するのを待って私たちは結婚しました。私が四一歳。アリス二九歳のときでした。

あのパーティーはどういう巡り合わせだったのでしょう。アリスのお母さんのサプライズパーティーが予定していた会場で行なわれていれば、アリスは金光教とも、私とも会うことはなかったでしょう。しかし私たちは巡り合いました。敬虔なキリスト教信者だったアリスは、今や金光教の指導者的信者の一人になり、私と結婚し二人の子どもの母となったのです。

苦しいときに必死に神に祈ったとおり、妻となったアリスは誰よりも私の仕事を理解してくれています。辛抱強く、誰よりも愛らしく、なにより心のきれいな女性です。神は私の願いどおりの女性と出会わせてくださいました。

彼女の父親もまた、私たちの出会いをサポートしてくれたのでしょう。夢に見た彼女は、父の母国である中国のウェディングドレスを着て、母の母国である日本の和室に座っていたのです。まるで私の妻になる準備ができたと言わんばかりに。夢は正夢となり、彼女は今や私の妻となり、私の右腕として金光教の布教のために尽くしています。

家庭こそ学びの場

アリスと結婚してから二年後の一九八九（平成元）年、第三代サンフランシスコ教会長の松井文雄先生の跡を継いで、私はサンフランシスコ教会の教会長となりました。やがて子どもが生まれ、ますます忙しく充実した日々となりました。

家族と過ごす時間は私にとってかけがえのないものでした。家族のためならどんなに辛いことでも乗り越えることができます。慈しみ、守るべき存在のためには、人は何倍も強くなることができます。仕事から帰ると妻と子どもが出迎えてくれます。疲れもあっという間に飛んでいってしまいます。どんなに疲れていても、家族と過ごす時間が私に活力をくれるのです。愛する家族と共にいられる幸せを心から感じていました。

といって順風満帆だったわけではありません。家族は、愛する幸せ、愛される幸せを感じさせてくれる存在ですが、同時に、衝突することで多くの気付きを与えてくれるありがたい存在でもあります。

「愛するからこそ」、また、「愛しているのに」といった感情の裏には、相手をコントロールしたいというエゴが隠れています。無償の愛とは正反対のもの、有償の愛というべきもの、つまり見返りを求める気持ちが働いているのです。そのエゴに気付かせてくれる家族や家庭の存在は、実は最も修行に適した場と言えるでしょう。

「難はみかげ」の言葉どおり、家庭の中で発生するあらゆる問題は、それぞれがそこから学び成長できるチャンスでもあると思います。許し合い、譲り合い、相手に対しまじりっけなしの純粋な愛を送る。家族という場こそ、それを学ぶことができるのだと思います。

アリスとの結婚生活でも、意見の食い違いや妥協できないことなど、いろいろな問題にぶち当たりました。最初の妻とはお互いに譲り合うことができないまま離婚に至りましたが、その後の独身生活で、私には自分なりの生活パターンができていました。そんな私が再び新たな環境になじんでいくのはけっこう難しいことでした。

アリスもそうです。それまでは自分のルールで生きてきました。アメリカで生まれ育ち、アメリカでの教育を受けていますから、私とは価値観がまったく違います。自分を主張するのに長けています。

私のアメリカ生活は一五年を過ぎて、アメリカ人の考え方などにはずいぶん慣れてはきたつもりでしたが、もともとの日本人の気質や考え方などから、アリスといろいろ対立する部分がありました。当然のことです。考え方も価値観も、何もかもまったく同じで、意見の食い違いなど一切ないという夫婦などいないと思います。国際結婚となるとなおさらです。たとえ親子であっても双子であっても、それぞれ持っている考え方、価値観は違います。互いに愛し合い、わかり合っているように思えても、相手に対して、もっとああしてほしい、こうしてほしいという要求が出てきます。ときには自分が正しいと思うあまり、相手を変えようとさえします。

五〇対五〇という考え方

アリスと私の間には、ジェディー成美《なるみ》とグラント正志《まさし》の二人の子どもがいます。成美は成人式を迎えた二〇一一年に、サンフランシスコの桜祭りの〝桜の女王〟に選ばれました。小さいころはやんちゃですばしっこく、思いどおりにならないとすぐに手が出てしまうところがありました。

幼稚園のある日、成美は友だちと言い合いになり、そばにあった鉛筆でその子の目の下あたりを突いてしまうという事件がありました。大騒ぎになり、私とアリスは呼び出されました。

アメリカの学校では、問題が起こっても、担任の先生が間に入って問題に対処することはありません。親がすべて対応しなければなりません。そのためでしょうか、学校には専門のカウンセラーがいて、子どもがなにか問題を起こすと、親はカウンセラーからアドバイスを受けることになります。

自分もいわばお取次という方法を用いたカウンセラーですから、わざわざ学校のカウンセラーに意見を聞きに行く必要はないと考えました。しかしアリスは行くべきだと言い張ります。二人でカウンセラーのところへ行きました。

その方は日系二世の女性カウンセラーでした。彼女は私が日本から来たことを知ると、「アメリカでは男女平等ですから、家では男女の役割もすべて五〇対五〇（フィフティー・フィフティー）。半々です。ですからこれからはそのように心がけてください」と厳しい表情で言いました。

少々カチンときながら、「そんなこと言われなくても常識ではないか」と思っていました。日本人だから母親に子育てや家事のすべてを押し付けているとでも思っているのでしょうか。勝手な思い込みで、一方的に言われた言葉に、私は心の中で反発していました。自分では一生懸命やっているつもりだったのです。

家に帰り、心を落ち着けて瞑想しました。心を無にし、ただ神のほうに窓を開けて、心に神からの風が入ってくるに任せたのです。ふとこんな声が響きました。

息子の卒業式で。左からアリス、正志、私、成美（ニューヨーク州シラキュース大学。2016年5月）。

「お互いの役割は五〇対五〇ではない。一〇〇対一〇〇である。一〇〇尽くしても、まだ足りないくらいである」

びっくりしました。なるほど、そのとおりです。五〇対五〇ととらえるから、あとの五〇以上は自分の仕事ではない、「それ以上はあなたの仕事でしょう」という具合に、責任を相手に転嫁してしまうのです。

金光教の教えの中には、「自分なりにどれだけやっても、これで済んだ、十分だとは思わないこと」とあります。何ごとも自分が責任をもって一〇〇のことをしたら、自分以外の人を責める必要はありません。それで十分なのではなく、継続して努力を続けていくという考え方が続きます。誰かに依存するのではなく、自分が全責任をもって事を成していくという考え方です。

すべて一〇〇、自分の責任で行動するというのは、実際とても難しいことです。一〇〇という完璧を目指すあまり、とかくストイックになりすぎて周りが目に入らなくなったり、できない自分を戒めたり——となると、身も蓋もありません。要は一〇〇を意識することが大切なのです。私はそのように心がけることで、相手を責めたり、不平不満を言わずにすむようになり、人生が楽になりました。それを意識して以来、夫婦の関係もかなり改善されたと感じています。

以前どおりの五〇対五〇の考え方だと、これだけ一生懸命やっているのに認めてもらえない、十分すぎるほどやっているではないか……という感覚が残ってしまうのです。五〇以上奉仕していると思うと疲れを感じるのです。それだと長続きしません。相手がどれだけ奉仕しているか、それを常に自分の奉仕量と比較してしまうのです。これでは不足や不満が出てきます。口に出さなくとも、態度に表われます。

神からの愛は無償です。常に一〇〇の愛です。自分が持つすべての恵みを与えてくださいます。いつも最善です。見返りなしに。

最初から無償の愛を体現できる人などいません。できれば神様です。それに近づこうとすることが修行であり、神に近づく行為です。夫婦が互いに一〇〇の努力をすれば、家庭の中は神の住む完璧な宇宙のように、何ごとも調和し、すべてがうまくいくことでしょう。そこには不足不満が存在する余地はありません。すべてが感謝となるのです。すべてに対し、「ありがとう」となるのです。そんな中で育つ子どももまた、安心して育っていくものだと思います。

成美は今では、武道、和太鼓、日本舞踊、ハワイアンダンスなど、いろいろなことに挑戦しています。大学では英文科に進み、私の英文の翻訳の手伝いなどもしてくれています。元気いっぱい。活動的なところは子どものころのままです。

私とアリスが互いに一〇〇の努力をすることで、子どもたちも安心して、心穏やかに過ごすことができたのではないかと思います。子どもたちもまた自分たちのできることを精一杯やってくれました。より一層絆は深まったように感じています。

非行に走った息子に何を語るか

前の妻との間の三人の子どもたちは母親と一緒にサクラメントに住んでいました。長男のケヴィンが一五歳くらいのころです。数人の友だちと組んで、何やら悪事を働くようになりました。車のガラスを割り、ものを盗んだりするようになったのです。

ある日、ケヴィンの姉・長女のサンデーから電話がありました。ケヴィンが警察に捕まった、すぐにサクラメントに来てほしいと。

取るものもとりあえず、車でサクラメントに向かいました。道々ケヴィンのことを思うと、「将来どうなってしまうのだろう」と心が痛みました。ケヴィンをそのようにしてしまったのは、他でもないこの自分です。二時間弱のドライブでしたが、その間ずっと、重い石がぎっしり詰まっているように、心は暗く沈んでいました。

ケヴィンは釈放されて家にいました。警察や母親や学校の先生からさんざん説教されたらしく、ふてくされてベッドに横になっていました。誰の話も聞きたくないとばかりに、私が部屋に入って声をかけても知らんふりです。私はベッドに腰かけて、どんな言葉をかけようか考えました。ついさきほどまでは、「なぜそんな悪いことをしたんだ。宗教家の子どもがそのような悪さをするのでは親の恥ではないか」と言ってやりたい心境でした。けれどそんな感情もいつの間にか消えていました。言葉が何も浮かばないのです。何を言ったところで白々しく、今のケヴィンの心には届かないでしょう。

ふと、「ありがとうございます」という言葉が口をついて出てきました。

「ありがとうございます。ありがとうございます」

唱えているうちに、私の心が少しずつほぐれてきました。いろいろな感情を超えて、ケヴィンを愛しく思う気持ちが広がっていきました。暗闇だった心に明るい金の光が差し込み、ありがたい気持ちでいっぱいになったのです。嬉し涙が溢れました。

「神は、心配さす不祥な子ほどふびんであろう。天地の神様も、神の心を知らずにいるものほどかわいいと仰せになる。親の手元に頼ってくる子には、うまい物でもやれるが、親の手元へ来いと言っても、何かと逆らい、親をカタキのようにして、よそへ出てしまうと、親は、どうしているだろうかと思ってふびんになる。親がそうして子をかわいがるのも、天地の神様が氏子をかわいがってくださるのも、同じことである」

教祖金光大神はそうお教えでした。

「神は人間の親神である。お前がどんなに悪い者であろうとも、どんなにつまらない者であろうとも、助けずには居られぬ。悪ければ悪いだけ、つまらなければつまらないだけ、なお助けずにはいられない」

その言葉を思い出していました。

神の思いは、尊く、ありがたいもの。神の心に逆らって罪を犯す人々は、心の平安を失

真ん中がケヴィン、孫のタシ（左）とヨリ（右）

って苦しんでいるのです。神への道を見失い、迷っているのです。そのような人間ほど、助けずにはいられない。神は親として、どんな子どもも助かりに導いておられます。

結局私は、「ありがとうございます」以外何も告げず、サクラメントを後にしました。サンフランシスコに帰った私はケヴィンに代わり、お詫びの行として毎朝五時に家を出て海岸まで歩き、そこで「ありがとうございます」と何度も唱えました。サンフランシスコの道は坂ばかりです。海岸まで片道四〇分ほどの道を一か月通いました。

後日彼に会ったとき、初めてケヴィンに言いました。

「今回のことについては父親である私に全責任がある。けれど、おまえがしてしまったことは、神様がすべて見ておられる。教会に行き、神にお詫びをしてきなさい」

ケヴィンは叱られると身構えていたらしく、私の言葉に拍子抜けしたようでした。そして素直に、「わかりました」と返事をし、教会にお参りに行きました。

反抗期だった彼がこの苦い経験で一気に心を入れ替えたわけではありませんが、その後少しずつ悪い仲間と付き合うのをやめ、心の在り方を変えていきました。高校卒業後、日本に渡り金光教学院に研修生として入学し、金光教の勉強を始めたのです。私がやかましく言い聞かせなくても、彼はわかっていました。子育てを通じて、私も親としてあるべき姿を育ててもらったようです。

やられたら愛し返す

イエス・キリストは人類の罪を背負って十字架にかけられました。「右の頬を叩かれれば、左の頬をさし出しなさい」と言われたほどの絶対平和主義者でした。お釈迦さまは生老《しょうろう》病死《びょうし》という四苦からの助かりを求め、恵まれた生活を捨て人類の助かりのために修行され、悟りを開かれました。金光大神様は、私たちの誤り、間違い、「めぐり（先祖の行状が、その子孫の身の上に現われることがあるという教え）」などすべてを背負い、取次の座に座り、己の欲を捨て、生涯のすべてをかけて取次という行をなさいました。

金光大神様の教えには「子どもを叩くより、親は自分自身を叩け」というものもあります。また、「人に一つ叩かれたれば、お前の手が痛うはなかったかえと申して堪忍しておけば」とも言われました。人を責めない生き方を示されたのです。

その反対に、「目には目を」という言葉があります。「やられたらやり返す」。これが今の世の中です。アメリカでは黙って引っ込んでいるのは弱虫であり、情けない人間だというレッテルを張られてしまいます。しっかりと自己主張できる、自立した人間になるように小さいときから教えられています。

そのこと自体は悪いことではないと思いますが、自分の考えを主張するあまり、人間関係でたくさんの問題が発生します。離婚もその一つです。アメリカでは二組に一組が離婚するそうです。自分の意見や考え、欲求が伝わらないと嫌悪感を感じ、一緒にいられない――となってしまうのです。

またこの国は訴訟大国とも言われ、何かとすぐ裁判沙汰になってしまいます。人から嫌なことをされて黙って泣き寝入りするのは損だ、また同じことを許してしまう、という考え方なのです。

これまでに世界中で起きた戦争や争いごとも「やられたらやり返せ」という精神に基づいていると思います。しかし、腹を立て、相手を責めるやり方で問題が解決したという話は聞いたことがありません。それどころかその関係はますます悪化しています。やり返すことで関係が良くなることはないと思います。

「罪を憎んで人を憎まず」とは孔子の言葉です。イエス様も、お釈迦さまも、金光大神様も、どんなに大きな罪を背負った罪人をも愛で包み、決して人を責めようとはなさらなかったことでしょう。やられても愛を返すことで、私たち人類に間違いを教えてくださったのだと思います。そのために左の頬をさし出し、わが身を投げうって、人類の罪をわが事として受け止め、すべての助かりを求められたのだと思います。罪を犯す人は、罪を背負わなければならなかった何らかの理由があったのではないでしょうか。罪を背負っている者こそ、魂の救済が必要なのです。

息子は罪を犯しました。それもすべて私の責任だと思いました。責められるべきは自分だと。ベッドでふてくされている息子に何も言うことはありませんでした。神は私たちに何を学ばせようとしておられるのか。そのときの私にはわかりませんでしたが、そのことから学ぼうとする私たちを見守っていることを、心の奥深いところで感じていたのかもしれません。

「ありがとうございます。ありがとうございます」

その言葉しか出てきませんでした。言っているうちに、息子に対する愛だけが心を満たしました。怒りや不安などはどこかに消えました。神のご配慮への感謝でいっぱいになりました。神の無償の愛を感じていた私は、息子に対して、純粋な、見返りのない愛を注いでいたのだと思います。そうなった心からは、「ありがとうございます」という言葉しか出てこなかったのです。

（第六章）生死一如

四代教主のご帰幽

一九九一（平成三）年一月一〇日。金光教四代教主・金光鑑太郎様がご帰幽されました。四代金光様はわが師であり、命の恩人であり、妻アリスにとって、不安な学院生時代に、心と心での取次をいただいた心の師匠でした。

サンフランシスコは夜中の一時過ぎでした。アリスが突然起き上がり、部屋の外に飛び出て、大きな声で「今この部屋の中に、誰か大きな人が来ている」と言い出しました。びっくりして私も飛び起きてあたりを見回しましたが、誰もいません。怖い夢でも見たのだろうとアリスを落ち着かせ、ベッドに戻って眠るように促しました。

それから二時間ほどたった午前四時、電話が鳴りました。

「朝早くから誰だろう……」と思いながら電話を取りました。

四代教主・金光鑑太郎様ご帰幽のお知らせでした。二人とも言葉を失い、ベッドの上でしばらく呆然としていました。

「金光大神は、形がなくなったら、来てくれというところにはどこへでも行ってやる」

これは教祖がご帰幽前におっしゃったお言葉です。妻が「誰か大きな人がいる」と声を上げたとき、四代教主は肉体を離れ、魂となってここに来てくださったのだと思いました。

「……先ほどの大きな人とは、四代教主様だったのだ」

アリスも私も雷に打たれたように、その場を動くことができませんでした。

日本語を満足に話せないアリスの金光学院での修行のことを思い出していました。アリスは四代教主様に、言葉を超えて、心で取次をしていただきました。四代教主様とアリスの心はあのときからしっかりつながっていたのです。肉体を離れ、自由の身になった四代教主様は、海を越えてアリスのところへ飛んできてくださいました。

言葉を介さずとも心でしっかりつながっていれば、アメリカ人であれ日本人であれ、絆は生まれます。私たち二人は四代教主様に心からの感謝の祈りを捧げました。遠く離れていても、四代教主様はいつもアリスと私の幸せを神に祈っていてくださっていたに違いあ

4代目教主・金光鑑太郎様

りません。むろん私たちだけでなく、この二八年間、取次されたすべての人々のために祈ってくださっていたのです。その深い愛に、どんなに感謝してもしきれるものではありません。大きな愛に満たされながら、二人は深い沈黙の中で、じっと教主様に思いを馳せていました。

「世話になる　すべてに礼をいふこころ人が助かり立ち行くこころ」

四代教主金光様は、教主の勤めのかたわら、歌人として、書家として「金光碧水《こんこうへきすい》」の雅号で活動をしながら多くの作品を残されました。宗教家としての立場から綴られたそれらの数々は神と人々への思いに溢れ、「感謝」「お礼」の心が織り込まれています。歌の数々は、今なお色褪せず、私たちの心に響いています。

四代教主金光様の曾祖父にあたられる教祖様は、

「木の切り株に腰かけて、立つときには礼を言う心になれよ」

とおっしゃいました。

四代教主金光様も、人々への教えにこのお言葉をよく引用されていました。「モノ」にまで、礼を尽くすようにとの教えです。難しいことはおっしゃらず、普段の生活に根付いた平易でわかりやすい表現は、安心感と親しみを感じさせてくださいました。神と共にあることは難しいことではありません。感謝も、構えてするものではありません。常に「和《わ》賀心《がこころ》」であること、その大切さにようやく私が気付くことができたのも、四代教主様の教えによるものだと思います。

次兄の死

四代教主様がご帰幽される少し前のことです。私は日本に帰り、久しぶりに二番目の兄・隆雄とその家族のもとを訪れました。次兄は高校卒業後、すぐに金光教学院に入学し、金光教の教師の資格を取りました。勉強好きで、通信教育で慶應義塾大学を卒業し、司法書士の資格を得て事務所を持ち、かたわら父の教会を手伝っていました。誠実で勤勉。何でもそつなくこなすこの兄を、私は尊敬していました。

短い時間でしたが共に夕食を囲み、近況を報告し合い、昔話に花を咲かせました。ときおりふと暗い顔を見せる次兄に何か悩みでもあるのだろうと気になりましたが、あえて聞かず、翌朝、お互い元気で頑張ろうと約束して長兄のところへ向かいました。一番上の兄・信行は、若いときから百姓が好きで、成人してからはブラジルに渡り農業をしていました。ブラジルで日本人女性と結婚し子どもにも恵まれ、数年前に帰国。岡山県倉敷市にある会社に勤めながら、信者として毎日教会にお参りする生活でした。この夜も久しぶりに兄弟水入らずで話は弾み、夜も更け、私はいい気分で眠りにつきました。


夜中の二時ごろ、電話のベルで目が覚めました。すぐ上の昭代姉からでした。「隆雄が交通事故で即死した」と言っています。……しばらく、何がどうしたのかわかりませんでした。脳が拒絶反応を起こしたのでしょうか、混乱していました。一昨日会ったばかりの隆雄兄の笑顔が脳裏に浮かんでいます。

「そんなはずはない。そんなはずはない」。現実をきちんと受け止めることができず、悪夢を振り払おうとするのですが、電話口で話す昭代姉の震え声に、現実から逃げられないことを悟りました。

三人の子どもたちはまだ高校生と中学生の育ち盛り。その子どもたちを残して逝ってしまうなんて。四七歳の生涯はあまりにも短すぎる。一昨日にはあんなに元気な姿を見せてくれていたのに……胸が張り裂けそうでした。いきなり大切な人を奪われた痛みがズキンズキンとうずき、息もできなくなるのです。痛みから逃げるすべはなく、布団を頭からかぶり、ただ泣いていました。どれくらいそうしていたでしょう。一五分ほど泣いていたようです。

突然、自分の意志とは裏腹に、「ありがとうございます」の言葉が口をついて出てきたのです。これ以上ないどん底なのに、自分自身驚きました。

「ありがとうございます。ありがとうございます」

唱えるたびに、少しずつ心が落ち着いてきます。

「ありがとうございます。ありがとうございます」

いつの間にか、真剣に唱えていました。

そのうち、真にありがたい気持ちがこみ上げてきたのです。

「隆雄兄さんは、四七年間という尊い命をいただいてきたのだ。生まれてきたこと、それが奇跡であり、これまで生かしていただいたこと、それは本当に感謝だ。この世に生を享《う》けたこと。それで満足ではないか。ようも、ようも、四七年間も生きてくれました。この世でご縁をいただき、私はあなたの弟でいられました。兄弟として生まれてこられたことも奇跡。兄さん、これまで本当にありがとう。四七年間も生きてくれてありがとう。ありがとう」

嗚咽は嬉し涙に変わっていました。何度も何度も、私は心の底から感謝の言葉を兄に向かって伝えていました。

金光教学院時代、和賀心《わがこころ》になるために、「ありがとう」と声に出す稽古をしたことがあります。ありがとうと唱え、ワッハッハーと笑う稽古をしているうちに、自分の病気も良くなってしまったのです。全快したあと、「ありがとう」の稽古はしていませんでしたが、このような苦しい状況に陥ったとき、再び「ありがとうございます」というあの言葉が、無意識のうちに、ほとばしるように出たのです。するとなぜか、心からありがたい気持ちになり、兄の死もようやく受け入れられたのでした。

大切な人がいきなりこの世からいなくなることは、とても辛く悲しいことです。どうしても受け入れられない、と感じることもあります。

しかしそんなときこそ、感謝の気持ちでいることができたら、自分も、天国に旅立つその人も、その家族も救われるでしょう。「ありがとう」という言葉は、このような苦しい状況の中でも、力を与えてくれました。悲しみを喜びに変えて、兄に対して、これまでよりもっと深い愛を感じさせてくれました。「どうして逝ってしまったの？」という自分勝手な言い分を「これまでいてくれてありがとう」という無償の愛に変えてくれたのです。私の心は兄への感謝と神への感謝の気持ちでいっぱいでした。それを受け取った兄も、きっと幸せなはずです。あのときのことを思い返すと、「ありがとう」にはとんでもない力があると、さらに実感するのです。

死は喪失ではない

次兄の死から一三年後のことです。私は五三歳になっていました。

瀬戸内海の中島教会に住んでいた母が、二〇〇〇（平成一二）年七月一八日の午前一時ごろ、私が寝ているサンフランシスコの家の枕元にやって来ました。にっこり微笑んで私を見下ろしています。

「かあさん……」

母の身体から、黄金の光がキラキラ輝いています。眩しいほどです。

「ああ、かあさんは神様になったのだな」とわかりました。

母は一般信者の家から教会に嫁ぎ、大変な苦労をしてきました。その一生を全うし、今ついに、神となったのでしょう。微笑んでいる母の顔を見つめ、現実なのか幻なのかわからずぼんやりしていると、電話が鳴りました。一番上の兄・信行でした。「たった今、母が亡くなった」と。九二歳でした。

「いや、かあさんはこちらに来ていますよ」と私は信行兄に言いました。

母親が亡くなったというのに、私の心は嬉しさでいっぱいだったのです。こんなに遠くまで私に会いに来てくれたのです。肉体を去って自由になった母の魂は、一番気苦労をかけた私に、一番母に反抗した私に、兄弟の中で唯一母に殴り返した私に、かつての母と同じように異国の土地で金光教の布教活動をしている私に会いに来てくれたのです。

母を亡くした悲しみよりも、母が私のところに来てくれた喜びでいっぱいでした。母を失ったのではなく、母を得たのです。会いたかった母に会うことができたのです。

「死」とは失うものではなく、遠くに旅立つものでもなく、そばに来てくれるものなのだ。これからは、話しかければいつでも母はそこにいる。そう思えたのです。日本を離れ、長く両親にも会えない日々を送ってきた私は、母に会えた喜びでいっぱいでした。

小さいころ、家のすぐ隣に墓があり、人々はそこにやぐらを組んで死人を火葬したものでした。死んだらみんな焼かれていなくなってしまう。両親もいつか、死んだら焼かれて何もなくなってしまう。子どものときからそんな恐怖心にとらわれていました。しかし、いま母を亡くしてみて、それは誤りだったことがわかります。

金光教の教えに、「雨が降るのも、日が照るのもおかげ。生まれるのも、生きるのも、死ぬのもおかげの中の出来事である」とあります。

仲良くしていたベネズエラの女性が亡くなったとき、私は感謝することなどとうていできませんでした。隆雄兄が亡くなったとき、「ありがとうございます」と言えるまで少し時間がかかりました。しかし、母の死には、すぐに感謝の気持ちが湧いてきました。大切な人を亡くして感謝などすぐにはできないことですが、「ありがとう」は悲しみを喜びに変えてくれます。

旅立つ大切な人に「置いていかないで」と願うエゴを捨てて、心からの愛を送ることができるようになります。「ありがとう」というこのひと言は、旅立つ大切な人が、心おきなく元来た場所へ帰れるよう、優しく後押ししてくれるのです。

母が亡くなった翌年、父も後を追うように亡くなりました。一〇〇歳でした。

私がアメリカに渡ってからもおよそ三〇年間、教会を守り、亡くなる三か月前までお取次をしていたそうです。

100 歳になった父を囲んで。（前列左から）私の息子正志、母梅子、父正信、姪の美穂（遺影は亡き兄隆雄）。（中列）私、姉昭代、兄信行、甥の秀雄、兄隆雄の妻恵子。（後列）妻アリス、娘成美（中島教会。1999 年）。

すぐ上の姉・昭代が、子どもを抱えながら金光教の教師になり、年老いた両親の手伝いをしていました。今では中島金光教会の教会長として跡を継いでいます。姉の息子もまた金光教学院を出て教師になり、親子で教会を守っています。頼もしい跡取りを育てあげた父は、さぞかし安心して旅立ったことでしょう。父は二八歳のときに結核にかかって以来、ほとんど病気らしい病気もせず、一〇〇歳まで、神と人々のための奉仕の人生を生きました。

サンフランシスコに暮らす私は、母の死に目にも、父の死に目にも会うことはできませんでしたが、毎日何十回と「ありがとう」を届けました。「ありがとう」は、確かに両親に届いたと思います。「ありがとう」という感謝の念は、世界中どこにいても、必ずその人に届きます。両親は今あの世で、私の「ありがとう」を受け取ってくれていることでしょう。

「遠くに行くときも、近くに行くときも、同じおかげを受けている」

金光教学院生だった二〇歳のとき、大腸炎で死を意識した私は、四代金光教主様にお取次をお願いしました。そのとき教主様から、

「遠くに旅に出るとき、人は神様に、安全に旅ができますようにと祈ります。しかし、ち

ょっと隣に行くときには、道中の安全を願って祈ることはしません。しかし、遠くに行くのも、近くに行くのも同じことです。遠くに行くときも、近くに行くときも、同じように神様のおかげを受けているのです。すべてにおいて、おかげをいただいているのです。たとえ近くに行くとしても、これから行ってまいります、と言っておかげを受けなさい」

というお言葉をいただきました。

そのとき、病気になったときだけお祈りに力を入れ、普段、信心が不足していたことに気付かされました。遠い近いや、ものごとの大小で、力を入れたり入れなかったりするのではなく、どんなときでも同じように信心し、おかげをいただいていることを知る……それが大切なのだと受け取りました。その後も折に触れ、四代金光様から直接いただいた唯一のこの言葉を反芻してきました。大きな意味が込められていると感じていたのです。

年を重ね、人と出会い、別れ、そして喜び、悲しみを感じてきました。希望に満ち溢れ、ときには絶望し、経験を積み重ね、見える景色も若いころとはずいぶん違ってきたと思います。最近になって、その言葉の奥に秘められた意味をこのように理解するようになりました。

遠と近。善と悪。光と闇。男と女。大と小。陰と陽など、世の中はそうした相対的な関係で成り立っています。私たちは他との関係や距離や、その比較によって、ものごとや事柄を理解していると言えます。

闇があるから光が存在します。光だけあっても、それを光とは認識できません。闇の中に光がある。だから光だとわかるのです。負ける人がいるから、勝つ人がいる。病気を体験すれば、健康のありがたさが身に染みます。対極を知ることで、その関係を理解することができるようになります。私たちはものごとを相対的にとらえ、理解しているのです。

「生」と「死」もまた相反する二つの道理です。

人間は、「死」は忌み嫌うべきものだと思っています。私もその一人でした。「死」を恐れ、「生」にしがみつこうとしていました。しかし、神の目から見れば、「死」もまた「生」の一部です。「死」はこの世からの卒業であり、神のもとへ帰るための大切な過程です。「生」が良く、「死」は悪いとする私たち人間の勝手な思い込みが、人間を必要以上に苦しめているのだと思います。どちらが正しくて、どちらが間違っているという考え方は、人間の勝手な判断でしかないと思います。

「生」と「死」は「一つの如し」、一如なのです。生は死であり、死は生であり、切っても切り離せない同一のものです。二つで一つの関係です。生まれたからには、いつか必ず死んでいきます。学院生のときは「死」を意識して初めて、生きるということに思いが至りました。兄や両親の死に直面することで、「生」についての見方も大きく変わりました。

心と身もまた一如です。ならば、いつも心の中にいてくださる神様と、身体を持った私たち人間は切っても切り離せない同一のものです。

「天地宇宙である神と私も一如である」

そう思うと、天地宇宙の神様の腕の中に抱きかかえられているような安堵を感じます。

「私たち人間は神と一如で同一。死んでも無になることはなく、神と一つになれるのであれば、死は決して怖いものではない」

今はそんなふうに思えるようになりました。

そう思うと、「何があっても、しっかり生きていける」という心境になります。

「死」がどんなものか今の私にはまだわかりませんが、それらすべてを神に委ね、「生」も委ね、そうしてやっと心が楽になった――そんな感じです。

また、天地宇宙である神と私が一如であると考えるならば、私が自分自身を知ることは、天地宇宙を知ることにつながります。なぜなら、ものごとの理解は対極から得られるからです。神を求めてさまようのではなく、自分を知れば、神はいます。本当の自分を見つけることが神と出会うことになると思います。

神戸タワーの下で見た自分の臨終の姿は、深い後悔の念でいっぱいでした。あの世に旅立つとき、自分の魂が満足できる人生を送っていたい。その思いで、本当の生きる目的を探してきました。すべてを探し出せたわけではありませんが、その答えは自分の中にありました。幸いなことに私には金光教という羅針盤があり、その教義の示す道々に大きなヒントがありました。魂が喜ぶ生き方ができたかどうかは死んだときにしかわかりませんが、神のもとへ帰るその日まで、答えを追求していくのだろうと思います。これからさらに私の理解が進んだら、四代金光様のくださったあのお言葉の中に、また違った答えを探し出せるかもしれません。

「薬れ祈れにするから、おかげにならぬ。祈れ薬れにすれば、おかげも早い」

金光大神様のお言葉です。

波乱万丈の人生での多くの「難」から、私はたくさんのことを学びました。金光教学院時代は、大腸炎という「難」です。誰にとっても病気は大変な難儀ですが、同時に「病もおかげ」であり、実はそれは神からのお知らせでした。生き方の改革を求める大自然の働きです。

大変な難儀だからこそ、おかげをいただくのです。そのきっかけから自分を振り返り、変化していく大きな機会を得るのでしょう。ジタバタして一刻も早く病から逃れたいと思うのですが、逃げるのではなく、感謝して自分自身を見つめていく。それによって成長し、価値ある人生を手にできるのですから、実はありがたいことなのです。

現代では医学や科学技術の発展により、早期発見し治療すれば、ガンさえも治るようになりました。平均寿命が延び、長生きできるようになりました。しかしこのお言葉は、医療を万能だと錯覚して、「病気は医者と薬が治すもの」と思ってしまう風潮が蔓延していることを戒められたのです。薬さえ飲めば苦しみから解放される。本当にそうならば、わざわざ自らを振り返り、生き方を変える必要もありません。しかし、それで本当に価値ある人生を手に入れることができるでしょうか。長く生きることだけに力を入れていると、価値ある人生が何かを忘れ、自分の人生を全うするということが疎かになってしまうかもしれません。

「薬れ祈れにするから、おかげにならぬ。祈れ薬れにすれば、おかげも早い」

このお言葉に、私は何度もはっとさせられたのでした。

薬に頼って、痛みが消え、病気が治ったかに見えても、自分の内側の根本的な部分は何も変わりません。それでは真の「おかげ」になりません。自らを見つめ、祈り、そうして薬を飲めば、おかげも早くいただけるというのです。

現代人は、医療や薬を無条件に頼りにしています。病気をすれば医者に行き、薬をもらいます。それが「薬れ祈れ」です。「薬れ祈れ」はまだいいほうで、ともすると「薬れ薬れ」となって祈ったりしないというのが現状かもしれません。医療や薬のみを万能とする生き方は、ただ長生きを望む生き方となり、一瞬一瞬を価値ある生にするという最も大切なことを見逃しています。

医療や薬を無視するのではありません。医療と薬と「あいよかけよ」で、病気と取り組むことで、助かりの道が開けてくるのです。人力のみ、医学のみを頼って助かりをいただいても、一時的なものでしかありません。その人の生き方は変わりません。そのような生き方を続けていたら、また同じような病気を経験するかもしれません。病気という理由でなくても、その人が気付くまで、いろんな難儀となって経験させせられることになるでしょう。

病気に限りませんが、人間は目の前の現実に心を奪われると、心配したり、取り越し苦労をしたり、他人の言うことが気になったり、迷信に惑わされたりします。しかし「難はみかげ」であり、神からの贈り物です。本来のまっとうな道に気付くチャンスでもあります。それに気付いて以来、私はいつ何時でも神に祈り、神と共にある生き方をしていくことにしました。

祈るときには「ありがとうございます」と先にお礼を言います。

「祈る」というと、神仏に請い願うことと思っている多くの人は、通常、まっさきに自分のお願いを口にします。しかしたった今、まさにおかげをいただいていることには目を向けようとしません。願い事ばかりが心を占領して、身の周りにある当たり前の、たくさんのおかげに気付かないのです。

例えば朝目覚めたとき、まだ寝ていたい、起きたくないと思ったり、その日の仕事のことを思って心配したり、あちこちが痛いと不服を言ったりします。しかしその朝もまた、ちゃんと目を覚ますことができたのです。普段どおりの一日を迎えることができたのです。何よりありがたいことではないでしょうか。まずそこに感謝しなければならないと思います。

前立腺肥大のときもそうでした。尿が出なくなり、毒素が回って、初めてその働きに気付き、器官にお礼を言いました。そのありがたみに気付いたのでした。今あるものを当たり前だと思っていますが、それを失って初めてその大きさに気付きます。

祈れ薬れの生き方とはそのような生き方だと思います。難儀を感じたら、まず周りにある数えきれないほどのおかげにお礼をし、無関心であった自分を詫び、願い事をする。ありがたいことに気付き、それに感謝し、少しずつ生き方を変え、そうして価値ある人生を手に入れることができるようになると思います。それが、神からの贈り物であると思います。

日本人の血

アメリカに来てから、ずいぶん長い時間を過ごしました。日本で過ごした倍以上の時間を過ごしたのです。こんなに長居するとは思ってもいませんでした。妻も子どもたちもアメリカ生まれのアメリカ育ち。私自身すっかりこの地になじみ、世界中で一番落ち着くホームとなりました。

渡米した当時は、信者のほとんどが日系一世の方たちでした。彼らはよく日本にいたころの思い出を語り、どこどこの出身だとか、こんな暮らしだったとか、当時を懐かしみ、目を細めて思い出話に浸っていました。遠く日本を離れていても、魂は日本人のもの。ふるさと日本を愛し、大切に思っていました。

近年、日系一世が高齢化し、信者は一世から二世、三世の時代になってきました。二世、三世はほとんど日本語を話しません。両親は日本語を話しても、二世、三世はアメリカの学校で学び、アメリカ社会で生活しているのですから、日本語を使う必要もないのです。三世、四世の時代になるにしたがって、ルーツは日本とわかっていても、日本語はもちろん、日本の精神、日本人固有の考え方などが消えていきます。祖父や祖母が日本のどこに住んでいたのか、どんな生活をしていたのか、どんな過去があったのかなど、ほとんど知りません。まるで日系一世からいきなり新たな歴史が始まって、それ以前の歴史が消えてしまったかのようです。調べる術もありませんから、自然にわからなくなっていくのです。むろん日本に親類縁者もいるでしょうが、日本に一度も行ったことのない彼らは、それを知らない人も多いのです。

私はそんな日系アメリカ人と過ごすうちに、改めて自分の先祖についても知っておかねばならないと思うようになりました。自分が先祖のことを知らなければ、子どもたちもまた自分のルーツを知らずに一生を過ごすことになります。そこにはたくさんの命のリレーがあり、そのリレーの上、今ここに自分がいます。その物語を知ることは、自分自身を知ることにつながります。子どもたちにも、ご先祖様たちのことを知ってほしいと願いました。

母の祖母は毛利家の乳母

二〇一五年、ＮＨＫの大河ドラマ「花燃ゆ」が放送されました。アメリカでも、日本のテレビ番組を日常的に見ることができます。

長州藩士の家に生まれた主人公・吉田文《ふみ》の激動の人生が描かれていました。吉田松陰の妹です。舞台は山口県萩市。昔々、母の先祖はここ萩に住んでいて、そこから防府に移ったことをちょうど知ったばかりでした。「花燃ゆ」を毎週楽しみに見るようになりました。萩の地で、あの激動の明治維新に、わが先祖がどのように時代に翻弄されていたのだろうかと想像しているうちに、どうしても先祖について知りたいと思ったのです。防府に住んでいる母方の従兄弟に連絡を取りいろいろと調べてもらいました。その結果、意外なことがわかってきました。母の祖先はもともと長州藩主毛利家に仕えていたというのです。

母の曾祖母は、毛利藩主の乳母をしていたということがわかりました。生前の名前はわかりませんが、墓には「月光」と彫ってあるそうです。毛利家と何らかの関わりがあるとは耳にしていましたが、母も、曾祖母が殿さまの乳母をしていたという事実を知らなかったようです。

明治維新当時の長州藩主は、第一三代・毛利《もうり》敬親《たかちか》です。

母はとても厳しい人でしたが、母の曾祖母が毛利家の乳母をしていたという事実を知り、なるほどと自分なりに納得しました。乳母ともなれば、大変厳しい務めだったと想像できます。殿さまの子どもを預かり育てるのですから、間違いは許されなかったことでしょう。

月光の子どもたちもまた相当厳しく厳格に育てられたと推察できます。その孫であるわが母が厳しい人だったのも、なるほどと納得できました。

四百年の時を経て、敵同士の再会

戦国時代を生きた毛利家初代・毛利《もうり》元就《もとなり》は、もともと広島付近の小さな城主でした。次々と領土を広げ、中国地方のほぼ全域にわたって勢力を拡大していきました。その過程では暗殺や買収、婚姻や養子縁組などあらゆる手を使って領土を手にしたといいます。あるとき元就は、ある城を攻撃しました。ところが敵はなかなか落ちません。手こずったあげくとうとう城に火を放ち、城主や部下、家族まで焼き討ちにしました。しかし五歳になる城主の息子だけは難を逃れ、とある神社にかくまわれ神主として育ち、やがて神社の後継者となりました。

以来約一八代にわたり、その子孫が神主を続けたそうです。四百年後、その末裔である神主は神社を他の者に任せて、金光教の教師になりました。そして自分の教会を建て、今では日々人々と神のために取次をしているということです。

私はその話を、その教会で修行し、のちにロサンゼルス市内で教会を開いている方から聞きました。そのときは、その教会長の先祖が私の先祖と関わりがあるなどとは夢にも思っていませんでした。毛利家は関ケ原の戦いで豊臣方だったため、百万石以上あった領地を取り上げられ、山口県萩の田舎へ追いやられました。私の先祖はもともと萩の出身で毛利家に仕えていたわけですから、四百年前には毛利家に仕えていたと考えられます。もしかしたらわが先祖も多くの城を落城させ、関ヶ原の戦いにも参戦していたかもしれません。毛利家の家来たちの多くは、その後侍百姓となり、明治維新までの長きに渡り生き残ってきたのではないかと想像できるのです。

二〇一六年に帰国した折に、かつての敵方であり、四百年前に城を焼け出された先祖を持つという、金光教の教会長のもとを訪れました。もしかしたら私の先祖も城を攻撃した軍勢の一人だったかもしれません。それを知った以上、先祖の行ないを謝りたいと思ったのです。しかしその教会の初代教会長とそのご子息もすでにお亡くなりでしたが、運よく初代教会長のお孫さんに会うことができました。私は初代教会長の霊前でお祈りさせていただきました。

「四百年前、私の先祖が毛利軍として、あなた様の先祖のお城を攻撃し、火を放ち、ご家族一同皆殺しにしてしまったと聞いております。あなた様のご先祖はさぞ苦しまれ、憎しみを抱えて亡くなられたことでしょう。つい最近まで、私はそのようなことは知らずにおりました。知った限りはぜひわが先祖に代わってお詫びをしたく、ここに参らせていただきました。わが先祖の犯した罪をお許しください。どれほど詫びても詫びきれませんが、どうぞお許しください。あなた様のご先祖様すべての御霊様と、子孫の方たちが安心の心であられますように願ってやみません」

金光教では、確かな因果関係はわからなくても、先祖の犯した罪や無礼が、この世に生きている子孫の身の上に現われることがあると教えています。それを「めぐり」といいます。教祖様は、

「信心する人は、めぐりを取り払ってもらっているのであるが、信心せず、うかうかと暮らす人は、めぐりを積んでいるのである」

とおっしゃいました。親から子へ身体の特徴が遺伝するように、先祖の行ないも、現在生きている私たちに何らかの因果応報という影響を与えているのだと思います。

四代金光様は、「世話になるすべてに礼をいうこころ」とおっしゃいました。不平不足や我欲にとらわれた生活がめぐりを積んでいきます。その生き方を抑え、反対に、感謝し、喜ぶ生き方が、めぐりを取り払う生き方であると教えています。

いま生きている私たちが感謝し、自分だけではなく周りも喜ぶ生き方ができたら、めぐ

りは取り払われ、逆に徳を積むことになると思います。

子孫にめぐりを残さず、これまでのめぐりを取り払い、新たなめぐりを積まず、子孫におかげをいただけるように徳を積む。一人ひとりがそうできたら、誰にとっても平和な世界がやってくることでしょう。

戦国時代、敵だった者同士が、今世、互いに金光教の教師になっているとは、なんとも不思議なめぐりあわせです。このお導きによって四百年前のお詫びをすることができました。神はこうして私にめぐりを取り払う機会を与えてくださったのです。

ささやかなわが家の歴史を振り返っただけでも、争い、殺し合い、強奪――の連続でした。なんと悲しく醜いものだろうと思います。人の喜びをわが喜びとする神様はその様子にどれほど心を痛められたことでしょう。

人を助けずにはおれない神様もまた、争い、恨み、死んでいった人間を思い、四百年間苦しんでおられたのです。先祖のめぐりを取り払ってくれる誰かが現われるまで、辛抱してくださっていたのです。神様は、「ありがとう」と感謝して、めぐりを取り払う人間が現われることを熱望されているのだと思います。

「神も助かり、人も立ち行く」ために、一人ひとりがめぐりを取り払うことは大切なことだと思います。

（第七章）「ありがとう」の力

南サンフランシスコ金光センター

現在、私は妻のアリス、犬の「ありがとう君」、そしてチンチラ「トトロ君」と一緒にサンフランシスコの日本人街に住んでいます。二人の子どもは独立し、前妻との間の三人の子どももそれぞれ自立し、二人の孫もできました。

毎朝四時、瞑想です。その後、「ありがとうございます」を心の中で何度も唱えます。天地金乃神、生神金光大神はもとより、太陽神、月の神、大地の神。そしてご先祖様、家族、信者さんたち、友人たち、サンフランシスコ市、アメリカ、日本、世界、地球、自分自身の身体、心、思いつくすべて、思いついたモノにまで「ありがとう」とお礼を言います。瞑想と併せて二時間ほど目をつぶり、静かな時間を過ごします。午前六時ごろ金光教サンフランシスコ教会に行き、信者さんと共に朝のご祈念をし、午前七時ごろに家で朝食を取ります。

その後、「南サンフランシスコ金光教布教所センター」へバスと電車を乗り継いで出かけます。そこで、取次、新聞記事の作成、その他様々な布教活動をしながら、サンフランシスコ教会のお手伝いをします。金光センターでは通常のお取次の他に、教会に来られない方のために電話やメールによるお取次も受けます。日曜サービスとして、信者に講話などをすることもあります。教祖が残された教えの内容について、皆で話し合いをするということも行なっています。

武道の指導もしており、さらにサンフランシスコ短期大学で学生たちに、書道を通して日本の心を伝えています。日本語と英語による「金光教会ニュースレター」を信者と共に発行しており（月刊）、日本語新聞「ジェイウィークリー」に「漢字の魂」という記事を掲載し、英文の新聞（「日米ウィークリー」）に、「ハート　オブ　カンジ」という記事を毎月掲載しています。さらに、教会の仕事を離れて、地球救済運動、災害援助活動など、人類救済の活動もしています。

南サンフランシスコ金光教布教所センターで。

ゴミ拾い

毎日欠かさずしていることに、ゴミ拾いがあります。

朝食後、愛犬ありがとう君と散歩しながら、ゴミを拾います。その後南サンフランシスコ金光センターに行く道々でもゴミ拾いをします。以前は車通勤でしたが、ゴミ拾いのために車を止めました。歩きですから排気ガスも出すことはなく、一石二鳥です。ゴミを拾うための長バサミと大きな袋を持参して、バスと電車を乗り継いで通っています。帰りも同じです。その結果、一日およそ三〇〇本余りのタバコの吸い殻やプラスチックのゴミなどを袋に入れて帰宅します。

人間は生活が少しでも楽になるように、あらゆるものを開発・生産してきました。自然に反するものでも、平気で作り続けてきたのです。中でもプラスチックは人間にとって便利な反面、自然を破壊する最も恐ろしいものだと思います。プラスチックは自然と融合しないのです。燃やしても有害、埋めても土に還らず、海に流されれば永遠に漂い続け、プラスチックによる海洋汚染が大きく報じられるようになりました。

現在世界中の海に、日本列島の三倍から四倍ほどのゴミが漂っているという報告があります。そのほとんどはプラスチックゴミだといわれます。

そのような海洋ゴミが砕けて細かい粒子になったもの、工業用の研磨材、洗濯時に出る合成繊維から剝がれ落ちたものなどは「マイクロプラスチック」と呼ばれ、北極の海氷の中に大量に蓄積していることがわかってきました。海洋生物は知らず知らずにそれらを日々摂取しているのです。その影響は計り知れません。

当然、それを食している人間にも大きな影響があります。いったい誰がその膨大なゴミを処分するのでしょう。このままでは海に魚貝類も棲息できなくなり、ひいてはこの地球に絶大な被害を与えることになります。

何ごとも「塊《かい》より始めよ」です。まず自分の身の周りからプラスチックゴミをなくそうと、ゴミ拾いを始めました。ゴミが落ちていない道路は、清々として気持ちがいいものです。この気分をサンフランシスコの人たちに味わってもらおうという気持ちもありました。こちらでは、人々は歩きながらジュースやコーヒーを飲み、その紙皿やプラスチック容器をところかまわず投げ捨てます。それがごく当たり前の光景です。

ゴミを拾い始めた当初は、タバコの吸い殻は対象外でした。一つひとつは小さいもので、大したことはないと思っていたのです。

タバコの吸い殻を拾うようになったのは、一番上の兄が肺ガンで亡くなってからのことです。兄の信行は、二〇一七（平成二九）年一二月に亡くなりました。一日二〇本を吸うへビースモーカーでした。六〇年以上は吸っていたので、生涯で吸ったタバコの本数は約五〇万本になります。肺ガンになったのもタバコの影響が大いにあったと思います。

一説に、世界中の喫煙者は約一〇億人いると言われています。その一人ひとりが一日平均一〇本吸うとして、年間約三六五〇億本のタバコが吸われる計算になります。それが毎年発生するわけですから、想像を絶します。吸い殻は地球のどこかに捨てられます。消えてなくなるわけではありません。すべてポイ捨てされるわけではありませんが、陸に捨てられても海に流されても、それは地球に悪影響を与えているに違いありません。プラスチックゴミも深刻な問題ですが、タバコの問題も同様に深刻です。

最初からそこまで深く考えたわけではありませんでしたが、タバコは人体に大きく影響することがわかってきたのですから、捨てられた大量のタバコが地球に悪い影響を与えていることは間違いありません。兄は肺ガンで三年間苦しみました。地球も同じように苦しんでいると思うのです。

サンフランシスコの掃除大臣

ゴミを拾い始めたころは、私のしていることが理解できなかったらしく、「市の掃除夫ですか?」とか、「どうしてそんなことをしているの?」とよく聞かれました。「乞食野郎」とののしられたこともあります。最初は遠慮して周りの様子を見ながら拾っていましたが、だんだん人目も気にならなくなり、今では何を言われても、一人でコツコツお構いなしに拾っています。拾った吸い殻の数は一か月約六千から七千個余りにもなります。拾っても拾ってもなくなるどころか、少なくなることはありません。

何も言わず一人でゴミ拾いをしていたのですが、だんだん周りの人たちが気付き始めました。賛同者が出てきたのです。今では二〇人以上の仲間が、それぞれ違う場所で、黙々とゴミ拾いをするようになりました。組織を作って行なう人もいましたが、指導者がいなくなると、たちまち姿を消してしまいます。ゴミを拾う行為は、個人それぞれの気付きによるものです。強制しても長続きしません。ゴミを拾って、本当に環境をきれいにしたい人が行動を起こす。だんだんそういう人が増えていく。そういう印象です。

一人ひとりがそれぞれの判断で活動しているわけですが、この活動はやがてサンフランシスコの人々の知るところとなり、おかげで私はサンフランシスコでちょっとした有名人になりました。

先日もタバコの吸い殻を拾っていると、ホームレスの若い女性に会いました。彼女に少々の寄付をして、タバコによる影響について話したところ、「これからはタバコをやめます」と言われ、嬉しくなりました。拾い始めてから初めてのことでした。

日本人街で同じようにタバコを拾っていると五人連れの白人家族が「何しているの？」と声をかけてきました。そこで、「この吸い殻のフィルターはやがて海に流れ、それを魚が食べ、そしてその魚を人間が食べます。そんな魚をあなたは食べたいですか？　私はそれを止めたいのです」と答えると、彼らが拍手喝采してくれました。見知らぬ人から「サンキュー」と言われることも多くなりました。今では私はサンフランシスコの「掃除大臣」です。

ゴミを拾い始めてから五か月間で、三万五千個の吸い殻を拾い集めたことがサンフランシスコ市に認められ、感謝状をいただきました。感謝状にはこうありました。

「二〇一八年度。日本街ビキャナン通り五〇周年記念祭に伴い、ここに川初正人氏に名誉市民の感謝状を贈呈いたします。

あなたは、我らが誇り高きサンフランシスコ市、そして日本人街の進歩向上と環境美化のために活動され、サンフランシスコのみならず、美しい海、空気、地球を守る実践をなされました。さらには健康で安全で清潔な世界がいかに大切かということを世に訴え、多くの人々の見本となりました。あなたの亡くなられたお兄様の栄光に対しても尽くされたのです。あなたはサンフランシスコ市民にとって大きな誇りです。ここにサンフランシスコ市議会を代表して、議長のロンドン・ブリードが川初正人氏に名誉市民の賞状を記念品と共に贈呈いたします。ありがとうございます。

二〇一八年六月一日

サンフランシスコ市議会代表　ロンドン・ブリード」

表彰してもらうために活動していたわけではありませんが、認めてもらって何とも嬉しい気持ちになりました。私に感謝状をくれた市議会議長ロンドン・ブリード氏はその同じ月にサンフランシスコ市長に当選しました。初めての黒人女性市長の誕生です。これからも市と協力して素晴らしい町づくりに挑戦していきたいと思います。このことで多くの人が環境の大切さ、地球汚染の深刻な問題について気付いてくれることを願っています。

故ケネディ大統領は、かつて、「国から何かをしてもらうことを期待するよりも、あなたが国のために何ができるのかを考え行ないなさい」と演説しました。私たちも、これほど地球にお世話になっているのですから、地球のために何ができるのかを考えなければなりません。私のしていることはまだ小さなことですが、多くの人が地球の痛みに気付き、なんとか手を打たなければ、地球は大変なことになってしまいます。

アメリカでは、経済の発展でモノは急速に増えましたが、現在のようにそれらがゴミと化したとき、そのゴミを処分する場所が不足してくるという事態に直面しています。どこの国にとっても、ゴミの解決は深刻な問題でしょう。

戦後間もない生まれの私の幼いころは食べるものもなく、それはそれは貧乏でした。しかし海や山など思い出す風景はいつもキラキラと美しく、活き活きしていました。あれから七〇年が経ち、同じ山や海を訪れても、なぜか昔のような輝きが薄れているように思います。自分さえ良ければ、今さえ良ければ、あとはどうでもいいという考え方を改めなければなりません。未来に生きる子孫のために、真剣に考えなければなりません。

体内毒素

二〇一一（平成二三）年三月一一日。東北地方で大規模な地震が発生しました。「3・11」です。地震の規模はマグニチュード9・0。最大震度7・0を観測しました。この記録は、観測史上三回目となるもので、地震に伴う津波によって多くの被害がもたらされ、震災による死者、行方不明者は一万八千人にも上っています。地震と津波で発生した福島第一原子力発電所の事故は、史上最悪のレベル7に分類され、そのニュースは世界を震撼させました。

アメリカでもそのニュースは、あらゆるメディアによって連日報道され、たくさんの団体が寄付活動を行ないました。私も寄付を募り、妻と共に仙台市のＹＭＣＡや石巻市を訪れ、ささやかな寄付金を現地の団体に直接渡しに参りました。完全な復興までにいったいどれくらいの時間を要することでしょう。人々の痛みと共に、地球の痛みも感じられます。

ちょうどそのころ私は前立腺肥大で、病に臥していました。前立腺が通常の五倍ほど大きくなり、尿が完全に出なくなったのです。身体中に毒素が回り、あらゆる障害が出始めました。急拠、管を通し、尿を外に出すという応急処置をしました。その後は管をつけたまま、尿を溜める袋をぶら下げて歩くことになりました。排尿という日常的な作業のために、その操作が何とも大変です。袋をいったん取り外し、管を使って自分で尿を出すしかありません。その後レーザー光線による手術でなんとか完治しましたが、その間ずいぶん痛い思いをしました。自分の身体がどうなってしまうのだろうという不安な気持ちでいっぱいでした。東日本大震災のニュースを聞いたのはちょうどその折で、私と同じように、地球も苦しんでいるのではないかと感じたのです。

尿が出なくなり、体内に毒素が溜まってくると、体中のあらゆる箇所が不調になってきます。地球もその「体内」に、プラスチックゴミや、あるいは排気ガス、工場から排出されるばい煙、粉じんなどの「毒素」が溜まりに溜まって、大地震という形でそれらを浄化しようとしているのではないかと思いました。地球がとても苦しんでいる――本気でそう感じました。
叡智を持ち合わせた人間には、この地球を守っていく責任があります。しかし人間は自分中心の考え方をしているために、地球のことなど顧みることなく、ないがしろにしているのです。地球上に生きるすべての生き物、そして私たちを生かしてくれている地球に敬意を払い、感謝しなければなりません。私自身もこの病気になるまでは、そのことについて考えたことはありませんでした。この地球上に生きているのは人間だけではありません。搾取するだけ搾取して、汚すだけ汚し、そのように環境を破壊し続けたら、自分たちもいずれこの星に住めなくなるかもしれません。そうなる前に、私たちの住むこの地球を居心地のいい環境にしていくべきだと思うのです。

教祖様が生きていらした一五〇年前は、江戸から明治へと時代が大きく動いた時代でした。世の中がどんどん西洋化して、便利になっていく日本の姿をご覧になり、教祖様は「進展しているのではなく、めげている（崩壊している）」と言われました。すべてとは言いませんが、人々が自然と地球と共に調和して生きていた時代に立ち返る必要があると思います。この世界を変えるためにはまず、私たちの心の維新が必要です。日本だけの維新ではなく、アメリカだけの維新でもなく、世界維新を起こすべきでしょう。

教祖様は、

「天下泰平諸国成就。世界真の平和を祈りなさい」

と言われました。

神様の願いはすべての人々の助かりです。世の中が平和でなければ、人々の平安もありません。神様は世界の平和を願っています。地球助けの一助になると信じて神様の御心を実現するために、私たちが一歩ずつできることから行動していくことが大事だと思います。そのためにここサンフランシスコでも私はいろいろな方々と話し合い、市長さんとも時々話し合いの場を設けています。

地球助けとはあまりにも大きな挑戦で、とうてい一人ではできないことですが、誰かが旗を揚げないことには何も始まりません。

地球救済のためには私たち人間一人ひとりの心の助かりが必要です。すべての人々が互いにありがとうございますと言い合える世界になれば、皆で手を取り合って荒廃していく地球を助けることができると思うのです。

サンフランシスコ市長へのプレゼント

「他人を大切に。自分を大切に。ものを大切に」

これは金光学園中学校・高等学校のスローガンです。昨年、私はこのスローガンの一部を変更し、書に認め、サンフランシスコ日本人街の学校の新築祝いにお贈りしました。

「自分を大切に
他人を大切に
自然（地球）を大切に
一日一〇〇回、千回、一万回、『ありがとうございます』を表わしましょう」
（英語の表記では以下のようになります）
Take care of　youself.
Take care of　others.
Take care of nature(mother earth).
To express Thank You 100, 1,000, or 10,000 times a day.

校長先生は大変喜ばれて、落成式のときに壇上でそれを読み上げてくださいました。学校の壁にはその書が飾ってあるそうです。そこで私は、サンフランシスコの各学校や武道の道場、商店など、多くの人の目に触れるところに飾っておいてもらうリマインダーとして、その書をプレゼントすることにしました。リマインダーとは「思い出させてくれるモノ」のことです。この言葉がいつでも見られるところに貼ってあれば、すぐに思い出すことができるでしょう。

「いかがお過ごしでしょうか。ここにリマインダーをお送りします」と手紙を添えて送り、多くの方に受け取っていただきました。生きる上での指針にしてほしいと思ったからです。機会があったらサンフランシスコ市長にも受け取ってもらいたいと思っていると、チャンスが訪れました。

妻アリスは現在、サンフランシスコ日本人街のタスクフォース（対策本部委員会）の委員長をしています。日本人街は近年、日系四世から五世の時代になってきました。日系人同士の結婚は減少し、純粋な日本人の血を引く者が少なくなっています。親の商売を継がない若者が増え、日本人が経営する商いも減少しています。そこで日本人街を残そうという機運が高まり、その任務を持つタスクフォースが設置されたのです。アリスは時折サンフランシスコ市長とも会議で席を同じくすることがありました。機会を見て、「オフィスの壁にかけてそれを実践してください」とスローガンをお渡しすることができました。世界中の人が、自分を大切に、他人を大切に、そして自然を大切にし、互いに尊重し合い、感謝し合えば、素晴らしい理想の世界が誕生すると思います。このリマインダーを多くの方に配ろうと、目下、あちこちに協力を仰いでいるところです。

自分を大切に

父は一〇〇歳まで生きました。規則正しい生活をし、身体に必要なものを食べ、リラックスして瞑想し、神に感謝の祈りを捧げ、決して腹を立てず、不足不平を言わず、心配せず、なり行きに任せ、人のために尽くした一生でした。なにより人生の目的を持った一生でした。

父はとても自分を大切にしていたと思います。その中でも、人生の真の目的を持つということは、自分を大切にする上でとても重要なことです。私は二〇歳のとき、神戸タワーの下で自らの臨終の姿を見せられ、「人生の真の目的」を見つけなければ魂が喜ぶ生き方はできないと思い、金光教での勉強を始めました。人生の目的がわかっていれば、自分自身の喜びに叶う生き方ができるはずです。自分を知り、自分に何をしてあげられるのか、自分がどうなれば真に安心できるのか、どうすれば気持ちが楽になり、幸せを感じることができるのか――それを実践することが、自分を大切にすることになると思います。

父は二八歳のとき肺結核になり、死の一歩手前で「母を残して子どもが先に逝ってしまうことほど、親不孝なことはない。どうか母のために自分の命を生かしてください」と祈りました。必死の祈りによって一命をとりとめ、その後一〇〇歳まで、常に生きていることに感謝していました。母親を安心させることが、そのときの父の一番の願いでした。

「子どものことは親が頼み、親のことは子どもが頼み」

子の幸せは親の幸せ。親の幸せは子の幸せです。

自分の責任において自分を幸せにすれば、それを喜び、そのことで幸せになる存在がいるのです。自分自身を大切にして幸せを追求していく……それが周りの者まで大切にしていくことにつながるのだと思います。

他人を大切に

森繁久彌さんという俳優がいました。あるインタビューで、「日本では多くの若者が自殺をしますが、どのように思いますか？」と質問され、森繁さんは、

「若者の自殺を食い止めることはできませんが、彼らに言いたいのです。人は生まれて一五歳になるまでに、何人の人のお世話になると思いますか？　じつに二〇〇万人のお世話になっているのです。そのすべての人に、『ありがとう』と言ってからにしなさい」とご返事なさっていました。なぜか私はそのことをよく覚えています。

そんなにたくさんの人にお礼を言っていたら、自殺どころではなくなってしまいます。

二〇〇万人の一人ひとりに「ありがとう」と言っていたら、心は満たされ、幸せいっぱいになって、死にたい理由など忘れてしまうでしょう。

私は七〇歳を過ぎましたから、これまでにおよそ一千万人の人たちにお世話になっているることになります。ですから、毎日道ですれ違う人にも、心の中で「ありがとうございます」とお礼を言っています。しかし一生かかっても一千万人にお礼を言うことはできないでしょう。森繁さんの言に添えば、私たちはたくさんの他人から借りがあることを自覚しなければなりません。

とはいえ他人に腹が立つこともあります。夫婦の間でも、意見が合わず言い合いになることもあります。そんなときも寝る前には必ず心の中で、「ありがとうございます」と何度も言うのです。いつのまにか心は穏やかになり、腹が立ったことなど忘れてしまいます。

あるとき、日本からの新一世の方が教会にこられました。アメリカ生まれの二世である娘さんと折が合わず、大げんかをしたと言うのです。もう死にたいとまで言っています。私はその方に、

「お便所に三、四日行かなければ病気になりますね。お便所に行ってもそれを流さなければ家じゅうが臭くなって大変です。それと同じで、娘さんと喧嘩をして、それを流さずに

溜め込んでいるのは、お便所に行って水を流さないのと同じことです。その日どんなことがあっても、夜寝る前にはすべて水に流すことが肝要です。何日も溜めておくと病気になります。水に流して、『ありがとうございます』と一〇〇回唱えてみてください」

とアドバイスしました。数日後、その方から「娘と仲直りできました」という嬉しい報告を受けました。

私の子どもたちが小さいころ所属していたバスケットボールチームのコーチは、かつてある大学のバスケット・チームの指導をしていたそうです。真剣に指導するあまり、選手を怒鳴り、ミスすると大声で罵倒しました。選手が思いどおりに動いてくれないことに腹を立て、常にイライラしていたそうです。

あるときトイレを済ませ、流れる水を見ているうちに、自分の心の中の怒りや不満や、不要なネガティブな感情を、こんなふうに水に流すことができたら……と思いました。水に流すことを英語で「フラッシュ」と言います。そこで、溜め込んでいた怒りや不満を一気にフラッシュしてみようと思い付き、日常やってみたのです。不要な感情が湧き上がるたびに、心の中でフラッシュしました。

それからは、選手がミスしても、すぐにフラッシュしました。小さなことでも水に流したのです。するとどうでしょう。生徒たちも互いに責め合うことをやめ、水に流し始めました。コーチは選手一人ひとりに信頼を抱き、選手の判断を尊重しました。チームの団結力が増し、ついに優勝を手にすることができました。さらに驚くことには、コーチ自身の身体の不調も嘘のように改善していったというのです。

他人に信頼を寄せ、その人の成功や幸せを願うとき、相手は思う存分自分を発揮できることでしょう。それがチームとなれば、一致団結して、力を一〇倍、一〇〇倍にすることもできるのかもしれません。他人を責めたり恨んだりしたところで、誰も自分を幸せにはしてくれません。他人の幸せを自分のことのように心から喜ぶことができたら、たくさんの人の喜びを共有でき、人生は喜びでいっぱいになることでしょう。そしてその気分は、身体の具合の悪いところもフラッシュしてくれるのだと思います。

自然（地球）を大切に

「花」という字の成り立ちをご存知でしょうか。

「くさかんむり」に、左側は「にんべん」です。右側の「ヒ」も「人」の形からきているのですが、「人がさかさまになっている様」という説もあります。つまり、「花」という字は、草の下にさかさまになっている人。土の中に埋められている人——ということで、

「死」を意味するとも言われます。芽を出し、根を張り、精一杯花を咲かせ、人知れず散っていく花々。生きることも、死んでいくことも、それは特別なことではなく、大きな流れの中の一シーンであり、その一コマ一コマのつながりが過去から未来へとまた大きな流れを作っていくのです。花々は私たちに自然の摂理を無言のうちに教えてくれているのかもしれません。

「咲くもよし、散るもよし、花は嘆かず　今を生きる」

これは、癒しの詩人と言われた坂村真民さんの句です。どんなときでも淡々とあるがままの草花たち。教えられることはたくさんあるようです。咲くときも散るときも、ただそこに、それとして在るのです。

しかし人間は、自然の摂理を無視し、それをコントロールしようと躍起になっています。地球のすべての生命は相互に関わり合いながら存在しています。そこには人間がコントロールすることなどできない完璧なバランスがあります。

海上自衛隊で世界一周航海の前日、神戸タワーの下で見た地球の姿は、見渡す限り茶褐色の土がむき出しになり、樹木も草花も見当たりませんでした。地球の資源を搾取し続けた結果、人間自身が地球に住めなくなってしまった――その末路を見せられたのだと思います。地球は人間のためだけに存在しているわけではありません。命を分け与えてくれる動物や植物に感謝。新鮮な空気を補給してくれる森に感謝。豊かな自然に溢れるこの地球に感謝。

そうすることで、私たち人間も自然という大きな流れの中で、活き活きと生きていけるのではないでしょうか。地球環境が危機的状況になっている今こそ、地球上に住むすべての生命に対して心から感謝し、尊重すべきだと思うのです。

アフリカで、ある親子が狩りに出かけました。なかなか獲物が得られません。ようやくダチョウの卵を見つけました。巣の中に三つ産み落とされています。子どもは大喜びで全部袋に入れようとしました。しかし父親は「一つだけにしなさい」と言います。どうしてかと尋ねる子どもに父親は「あとの一つは他人のために。一つはダチョウの子孫を増やすために」と言いました。自分さえ良ければいいと地球の資源を搾取していたら、確実に資源が底をついてしまいます。それが迫っています。

例えば水道です。ひねりさえすれば水でもお湯でも簡単に出てきます。お湯が出てくるのが当たり前になって、燃料を焚くことで二酸化炭素が発生していることに意識が向きません。そう考えた私は、以来なるべくお湯を使わないように努力しています。

金光教祖は一〇年間風呂に入らないという修行をなさいました。私も風呂断ちに挑戦してみました。しかし三週間ほどで妻から激しく抗議され、やむなく断念。週二回で許してもらっています。

洗剤もそうです。それが海に流れて汚染の原因になっています。そこで私は洗剤をほとんどやめました。これまでの習慣を変えるのはなかなか難しいことで、家族にも理解してもらわなければなりません。「ありがとうございます」と唱えながら、理解してもらえるように実践しています。たった一人の努力。それでいいのだと思います。そこから始まります。

誰にも同じ愛を

金光教の青少年育成活動の中に、野外活動をしながら自然の中で学ぶ「金光教フォーゲル」という活動があります。そのモットーは、

1・実意に生きる
2・すべての人を愛する
3・笑って困難にあたる
4・たゆまず進歩する

です。

この金光教フォーゲルに参加したことのある少年が高校生になり、夏のキャンプでリーダーを任されました。キャンプ当日、子どもたちが大はしゃぎでキャンプ地に到着すると、そこにみすぼらしい身なりのホームレスの男性がいました。リーダーはホームレスを警戒し、「どうしてここに?」と内心思いました。キャンプを台なしにされないだろうか。子どもたちがいやな目に遭うのではないだろうか、気になって仕方ありません。他のリーダーにそのことを話し、どうしようかと相談しました。

恐る恐る、数人のリーダーと共にホームレスのところへ行きました。キャンプ場から出て行ってもらうよう頼んだのです。ホームレスはこう言いました。

「あなた方の団体は、すべての人を愛するのではないのですか?」

彼は、ホームレスに変装したその金光教フォーゲル活動の先生でした。変装はリーダーたちへの実地テストでした。リーダーたち全員が失格となりました。

当の先生は戦争で両親を亡くし、戦争孤児として育ちました。児童養護施設では、職員から冷たい仕打ちを受け、人並みの扱いを受けることはなく、まるでモノのように扱われ、そんな環境から逃れようと何度か施設からの脱走を試みました。里親のもとに預けられたもののそこでも冷遇され、いつしか街で有名な非行少年となっていました。

あるとき彼が金光教教会の前を通りかかると、教会の奥さんが声をかけました。その前を通るたびに、奥さんは彼にやさしく声をかけてくれます。彼は教会に出入りするようになりました。教会で奥さんと話をするときだけが、ほっとする時間だったのです。

ある日、教会の手金庫がなくなりました。

「犯人はあの子に違いない」「ほらね。やっぱりろくなもんじゃない」。周りの人々は真っ先に彼に疑いをかけ、白い目で見たのです。しかし奥さんだけは、「そんなことは絶対にない」と最後まで彼を信じました。

ほどなく真犯人が見つかり、彼の無実が証明されました。

このとき彼は、人から信頼され、愛される喜びを知りました。同時に、すべてを信頼するということの、胸が熱くなるほどの心地よさを味わったのです。彼はもっと教会の奥さんに心を開くようになり、愛と信頼を通わせました。その後、その教会で御用をするようになり、大学まで出させてもらいました。「奥さんのような先生になりたい……」。いつしかそう思うようになった彼は、金光教の教師になりました。実話です。

教祖様は、

「すべての人間は、等しく信心を与えられており、天地の間に生かされている神のいとし子である」

とおっしゃいました。

「神と人はあいよかけよの関係にあり、その関係は、人と人、人と万物との間にも生み出されていかねばならない」

と教えました。

私も貧乏人の子どもですが、ホームレスを見るとほんの少し寄付をしています。サンフランシスコには全米各地からホームレスがやってきます。私は、彼らをバカにしたり見下したりすることができません。そうすべきでもありません。この社会は差別や貧富の差を作り上げる仕組みになっており、彼らはその犠牲者だと思います。人それぞれに事情があり、やむにやまれぬ理由があるに違いありません。誰でも、そのような状況に絶対に陥らないとは断言できません。彼らは食うや食わずで、雨風をしのぐ家もなく、真冬の凍てつく路上に段ボールを敷いて夜を過ごします。貧弱な食事では軽い風邪でも致命的になります。病に倒れても医療サービスを受けることなどできません。それでも生きていかなければなりません。彼らの本当の苦悩はなかなか余人にはわかりません。

ホームレスが助かっていくにはどうしたらいいか、その道を模索していかなければならないと思います。ホームレスを、落ちこぼれとして扱うべきではありません。

一燈園の西田天香さん

無一文、無所有。

それにもかかわらず豊かな人生を生きた西田天香《にしだてんこう》さんという方の生き方から、私はたくさんのことを学びました　京都市山科区に一燈園《いっとうえん》という奉仕団体があります。創設者の西田天香さんは一八七二（明治五）年に滋賀県長浜の商家に生まれました。

二〇歳で北海道に渡り、土地の開拓事業に従事し、将来は事業家として有望視されていました。しかし開拓事業を進める中で、資本家と現地耕作者との利害の対立に直面し、争いのない生き方を求めてその仕事を辞め、裸一貫で帰郷しました。長濱八幡宮神社の愛染《あいぜん》堂《どう》に籠り、「争いの因となるものは食べまい」と決意。断食に入ります。

四日目の未明、赤ん坊の泣き声を聞きました。泣き声がやむと、天香さんは「赤ん坊はお乳をもらっているのかな」とその情景を思いやりました。そのときハッとしたのです。母と子には乳の需要者と供給者の関係があり、その関係は両者とも喜びの中にあります。争わずとも需要者と供給者が互いに満ち足りて平和にいられるのだ。これこそが生きるということの原点ではないだろうか――と悟ったのです。人間は生きるために食べ、食べるために働きますが、その考えを一八〇度変え、

「この生命は授かりものであり、生きようとしなくても生かされている。生かされているから感謝して働かせてもらうのだ。そのために必要な食は求めなくてもすでに与えられている。生きんがため、食べんがためという考え方が生存欲求、権利の主張となり、様々な対立、競争の原因となって来たのだ」と悟られたのです（https://www.ittoen.or.jp/about/）。自然にかなった生活をすれば、人は何も所有していなくても、許され、生かされる。そこに争いの種はなく、平和な社会がもたらされるはず。

西田天香さんは一人、無一文、無所有で、バケツと雑巾だけを抱え、家々を回って便所掃除を始めました。命を授けてくださった存在に感謝して、働かせてもらったのです。やがて「一燈園」という争いのない生活を実践する「道」を確立されました。

一文なしでも、何も持っていなくても、心が豊かであれば、その人の人生は「魂が喜ぶ」人生となるでしょう。西田さんのように「争いの原因となるなら、食べ物は食べたくない」と思う人もいるかもしれません。食べるためには争わなければならない。闘わなければならない。誰かと比較しなければならない。そういう社会に順応できない人もいるのではないでしょうか。私たちはもっとたくさんの見方をするべきだと思います。

「一日一〇〇回ありがとう」

これまでの人生で和賀心《わがこころ》の大切さを学んできた私は、「ありがとう」という言葉こそ人々の心の救済に必要不可欠であるという考えに至りました。

私がこれまで、「難儀」だと思っていたものは、すべて感謝を思い出すためのものだったからです。感謝を忘れなければ、それを思い出すための難儀も必要なくなります。感謝と共にある生き方は、平和で、満ち足りた生き方になる――この人生を通して、私はそう確信するようになりました。

金光教学院で病気になり、六か月もの間床に伏せっていたとき、両親、ご先祖様、親神様から幸せを祈られていることに気付きました。感謝の足りなかった自分を恥じ、心から後悔しました。その後心を改め、感謝の生活を送るうちに病は癒えていきました。感謝が足りないことが様々な問題を引き起こしていたのです。常に感謝を感じていれば、難儀に出会ったとしても、考え方を変えて、いいほうに受け取ることができます。難儀が難儀でなくなるのです。

また、次兄の突然の死に直面して手足をもぎ取られたような悲しみでいっぱいだったとき、「ありがとうございます」という言葉によって立ち直ることができました。ありがたくない状況が「ありがとうございます」という言葉によって、ありがたい状況になり、悲しみを喜びに変えてくれたのです。兄の死を「どうして逝ってしまったの？」という自分のエゴによる嘆きから「これまでいてくれてありがとう」という愛に替えてくれたのです。「ありがとう」は愛と喜びで心をいっぱいにしてくれます。「ありがとう」という言葉にはそれ自体に力がある。そう確信することができました。

つくづくそのことに思い至った私は、そこから「一日一〇〇回、ありがとうと唱えましょう」という運動を始めました。

ちょうどそのころ、日本の金光教のある教会でも、「一日一〇〇回ありがとう」の実践をしていることを知りました。自分が始めたとばかり思っていたのですが、そうではなかったようです。どうしてそれを始めたのか、ぜひ聞いてみたいと思いました。思い切って、その先生に手紙を書いたのです。ほどなく返事が送られてきました。

その先生は、とある教会の三代目の教会長でした。ある日、その先生のところに難病を患った信者さんが来られました。教会長は神に「どうかこの方の病気が治りますように」とお祈りをするのですが、この祈りがはたしてきちんと神に届いているのかどうか確信が持てないのです。自分の祈りが完全ではないように思えてならないのです。どうすれば神に届く祈りができるか、懸命に考え、追求している折に、その教会の初代教会長であった、祖母の信心の話を知りました。

初代教会長だった祖母は学問を受けたことがなく、字も読めませんでした。お祈りが書いてある本の文字も読めません。神道の祝詞《のりと》「大祓詞《おおはらえのことば》」「天津《あまつ》祝詞」がありましたが、祖母はまったく読めません。やむなく初代教会長は神様に向かって、「私は字が読めず、祝詞を読むことができません。どうすればよいでしょうか」と尋ねました。神の答えは、「ありがとう、ありがとう、で行け」というものでした。

初代教会長は祝詞の代わりに「ありがとう。ありがとう」と祈りました。そうして、たくさんのおかげをいただいたのでした。

その話を聞き、三代目教会長はこれまでの型にはまった御祈念ではなく、一心に「ありがとう。ありがとう」と祈念するようになりました。やがて難病と言われていた信者の病気も全快し、それからは、「ありがとう」には特別な力があると確信し、信者の方々に、「一日一〇〇回ありがとう」の運動を勧めているとのことでした。

この手紙を読み、私はますます「ありがとう」の力を強く感じました。これは是が非でも「一日一〇〇回ありがとう」運動を展開していかなければなりません。

心をいつも感謝で満たしておくことは、それほど簡単なことではありません。ともすると、人は簡単に不平不満を心に侵入させてしまいます。そのときのために「ありがとう」

の稽古をしておくことは、とても大切なことです。何ごとも稽古してこそ、自分のものとなり、普段の生活に生かしていくことができるのです。

先に挙げた森繁さんの言に添えば、人は一五歳までに約二〇〇〇万人の人のお世話になるそうです。七二歳の私など、優に一千万人のお世話になっているわけです。さらに、私たちがお世話になっているのは人だけではありません。大自然、地球、神様、すべてにお世話になっているのです。一日一〇〇回のありがとうではどうやってもそのすべてに感謝の気持ちを伝えることはできません。

そこで私は二年ほど前から一日一〇〇回を超えて、「一日千回ありがとうございます」を実行してきました。すると「一〇〇回でも難しいのに、千回とは多すぎるのでは?」と言われました。

それに答えて私は、

「私はこれまで一日一〇〇回ありがとうと唱えてきましたが、それではまだまだ足りないとわかりました。まだ、不足や不平、心配事、苛立ちの感情が勝ってしまいます。一日千回『ありがとう』が言えたら、ネガティブな感情がもう少し減るでしょう。しかしそれでもまだ足りないと思っています。人はそのときそのときいろいろな感情を感じています。

一日軽く一万回は感じているのではないでしょうか。その感情の一つひとつに語りかけるように『ありがとう』と口にするのです。嬉しいときはもちろん、悲しいとき、頭に来たとき、そのすべてにです。ネガティブな感情やエゴに負けないほど『ありがとう』を唱えるよう、私も努力しています」と申し上げました。

最近では「一日一万回ありがとうございます」を目標にしています。

何ごとも稽古が必要です。最初から一万回ありがとうと豪語しても、誰も挑戦さえしないでしょう。少しずつでいいのです。一〇〇回から始めて徐々に増やしていけばいいのです。そのうちにごく自然に、ありがとうの言葉が口をついて出てくるようになるでしょう。歩いているとき、仕事をしているとき、買い物をしているとき――。

ありがとうと唱えていると、真にありがたい気持ちだけが心を占領し、ありがたい気持ちに満たされます。不足や不平が顔を出すスキなどなくなってしまうのです。

最初、「ありがとう」を一つひとつ数えていましたが、今は数えることなくいつでもどこでも稽古しています。特に苦しいとき、悲しいとき、腹の立つときにそう努めるようにしています。

心身学道

現在私が布教活動を行なっている「南サンフランシスコ金光センター」は、スポーツジムの二階にあります。このセンターは金光教サンフランシスコ教会の支部です。まだ教会ではありませんが、教会となるといろいろな制約を受けることになるため、センターとして比較的自由な立場で活動をしています。一階のジムには毎日たくさんの人が訪れ、筋力トレーニングなど数時間かけて汗を流しています。彼らの肉体は大きくがっちり鍛えられていて、見事な、隆々たる筋肉です。

私はそんな彼らによく、「身体はここで鍛えることができます。知識は学校で身に付けられます。では、心はどのように鍛え、磨くのですか？」と質問します。彼らはそれぞれ「教会へ行く」「瞑想する」などと答えます。心や魂を磨く手段として、確かにそれも選択肢の一つでしょう。しかし、はたして彼らは心や魂を鍛え磨く必要を感じているのだろうかと、ときどき疑問に感じてしまいます。

心を磨くとは文字どおり、錆びついて汚れた心の垢を取り除き、純粋な優しさや愛そのものに戻っていくことだと思います。それは調和、和《やわ》らぎ、喜びを示す「和賀心《わがこころ》」の境地です。無償の愛に気付いていくこと、とも言えます。きれいに磨かれた心でいれば、神様と常につながっていられます。私たちは心を磨くためにこの世に生まれてきた、と言えると思います。

鍛えれば鍛えるほど、筋肉は大きく逞しくなります。しかし心を磨くとして、磨いたその心を、目で確認することはできません。目に見えないからといって、心を磨くことがなおざりになってはいないでしょうか。

私がサンフランシスコで布教をする際に大きな障害と感じたのは、まさにこの「心を磨く」ことへの意識の希薄さでした。どんなに神を熱く語り、心の在り方について論じたとしても、心を磨く、いわゆる「精進する」ということの価値がわからなければ、それを必要としないのです。まずは、心を磨くとはどういうことなのか、その結果、どのような恩恵を受けられるのか、それを伝える必要があると思いました。そこで始めたのが、「心身学道」と称する、書道、武道などのレッスンです。心を磨き、身体を整え、正しい知識を養う、「心」「身」「学」。それら三位一体です。

「身」身体を鍛え、
「学」学んでたくさんの技を持ち合わせていても、
「心」肝心の心が育っていなければ、ロボットと同じです。
「心」「身」「学」がバランスよくそろうことが必要だと思ったのです。その三つのバランスがいかに大切か、それを「心身学道」として、二〇年ほど前から教えるようになりました。週に五、六名の生徒が学んでいます。人種も年齢も様々。日本の「道」という考えに則って、その精神を教えるようになりました。

華道、茶道、書道、また剣道と、日本人は昔から「道」という独特の文化を持っています。「道」という字を調べるとこんなことがわかります。「首」は人の頭を表わし、「しんにゅう」（辶）は往来を意味することから人が歩いている形を表わしているそうです。またそこから発展して、「人が何度も同じことを反復して得た最高のもの」を「道」とする、とあります。

柔道、剣道、弓道といった「武道」は、「武芸に関する道、武士の守る道」です。それに対して「武術」とは「戦いのために身につける技術」を指します。技術を磨くだけでは「道」とは言いません。「道」とは、技術にとどまらず、技を磨くことによって人として成長していく精神修行でもあるのです。

私は高校時代から柔道をしています。柔道の技は、力任せに相手を制して投げればいいというものではありません。そこには鍛え抜かれた身体「身」と、正しい所作「学」があります。その技を作り出す正しい「心」があると思います。この三つをバランスよく磨いていくこと。そのバランスを探求し、その過程で人として磨かれていくこと。それが「道」というものだろうと思います。自分の信じる「道」をひたすら「心」と「身」と「学」で追求していく。先人たちはそうして自分自身と向き合い、己を磨いてきたのだと思います。

華道のルーツは神仏への供花と言われています。茶道には「和敬静寂」という言葉があり、神仏や大自然を敬い、他者と調和し、邪念のない清らかな心と清められた道具で、心静かに茶をたしなむという意味だそうです。

武道には「礼に始まり礼に終わる」という言葉があります。それに象徴されるように、「礼」を重んじ、相手に対して決して礼を欠かしません。闘う相手がいるからこそ、精進できるのです。それゆえ、「ありがとうございます」という心からの感謝の気持ちがあります。勝っても驕らず、負けても恨まず、相手を尊重し、感謝する。その精神は日本が誇れるものの一つだと言えます。

日本人はこのように、「道」という考え方によって神仏や大自然を敬い、調和を大切にし、すべてに感謝の気持ちで接してきました。芸道、武道に限らず、「道」という精神を持ちながら日々を営んできたのだと思います。

このような日本人の礼儀作法、また感謝や和の精神について、サンフランシスコの道場でも指導をしています。そのような日本人の精神に対し、現地の人は皆関心を示します。というのもこれまで彼らにとって柔道や空手道といった武道は、単に体力づくりであり、エクササイズにすぎなかったからです。彼らの目には、日本人は「道」や「礼」によって心を追求してきた精神性の高い民族、と映っているのかもしれません。私は、日本人が持つこの気高く尊い気質を、世界中に発信していきたいと思っています。

「一日一〇〇回ありがとう運動」を始めてからおよそ一五年が経ちます。今では「一日一万回ありがとう運動」となりましたが、感謝する心も稽古によって磨かれていくものだと気付きました。感謝によって心が磨かれ、感謝によって身体が作られ、感謝によって学び、より深い気付きを得ていくのです。そうであるならば、感謝するということもまた「道」であり、稽古することによって究められていくのです。

その結果「ありがとう道」という新しい考え方を提唱するようになりました。

「道を究める」という言葉がありますが、茶道や武道などそれぞれの方法で、人として正しい道を追求していくことです。「これで完璧に究めました」というゴールがあるわけではありません。生涯を通して、信じる「道」を歩む。

人生を終えてみなければゴールを知ることはできませんが、そこに神が両手を広げて待っていてくれているかもしれません。七二歳となった今日も、私の「ありがとう」の稽古は続いています。

（第八章）「ありがとう」の人たち

感謝の言葉やポジティブな言葉づかいで人生を劇的に変え、そこから学んだことを広く人々にシェアしている方々がたくさんいらっしゃいます。私はそんな方々の話を聞いたり本を読んだりして、「ありがとう」に潜む大きな力と可能性をますます確信するようになりました。

言葉で、人生が決まる（池崎晴美さん）

「はじめに言葉があった。言葉は神と共にあった。
言葉は神であった。この言葉ははじめに神と共にあった。
すべてのものはこれによってできた。

できたもののうち一つとしてこれによらないものはなかった。
この言葉にいのちがあった」

『新約聖書』「ヨハネによる福音書」第一章はこう始まります。

言葉にはすごいパワーが秘められているのです。

『話し方ひとつで思考が変わる！　行動が変わる！　ハッピートークトレーニング®』（すばる舎）の著者・池崎晴美さんもそのお一人です。池崎さんは二〇一七年にサンフランシスコに来られ、ハッピートークの研修会を開催してくださいました。私も参加しました。池崎さんは、話し方によって人生を変えたという自らの経験から、話し方やコミュニケーションを通じてハッピーになれる方法を伝えていらっしゃいます。その著書の中に、マザー・テレサの言葉があります。とてもいい言葉です。

思考に気をつけなさい、それはいつか言葉になるから
言葉に気をつけなさい、それはいつか行動になるから
行動に気をつけなさい、それはいつか習慣になるから
習慣に気をつけなさい、それはいつか性格になるから
性格に気をつけなさい、それはいつか運命になるから

思考が言葉となり、やがて行動、習慣、性格、運命になっていくというのです。日々無意識に使っている言葉の一つひとつが、習慣になり、性格になり、そして人生になっていくのですから、いかに肯定的な言葉が大切なのかがわかります。ネガティブな言葉ばかりを口にしている人生が、うまくいかないのは火を見るよりも明らかです。

まずは、私はいつも使っているネガティブな言葉を見直しました。いやだ、困る、気が滅入るなどです。そして、日ごろから使いたいと思うポジティブで美しい言葉も考えてみました。中でも、「ありがとう」は特に美しい言葉だと改めて思いました。

なんでも稽古が必要です。美しい言葉と共に「ありがとう」が素直に言えるように、トレーニングすることも大切です。タンスの引き出しの一番上にいつものお気に入りが並んでいるように、言葉の引き出しの一番上には、美しい言葉を置いて、すぐに取り出せるように日々稽古しておくことが必要です、と教えていただきました。

水は言葉を受け取っている（江本勝さん）

自ら「水の伝道者」と名乗る江本勝さんの著書『水からの伝言』（波動教育社）は、世界七五か国で二五〇〇万部以上発行され、今なお多くの人々に感動を与えています。この本は、

「言葉の力」を、氷の結晶にした写真集です。

江本勝さんは、目には見えないけれども水に含まれているはずの「情報」を、何らかの形で視覚化する方法はないかと考えました。そうして水を凍らせたときの結晶の形がその水の情報を反映しているのではないかと考え付いたのです。水に様々な言葉を投げかけ、それを凍らせ、その結晶を観察しました。その結果、投げかけた言葉によって違った結晶ができることを発見したのです。

例えばペットボトルに「ありがとう」という文字を書いた紙を貼り、一日置いて凍らせ、その氷の結晶を顕微鏡で見ると、なんとも美しい六角形の結晶ができます。逆に「ばかやろう」などの言葉で同じ実験をすると、氷の結晶は形にならず、輝きもありません。

その他にも「きれいだ」「きたない」、「平和」「戦争」、「希望」「絶望」、「私ならできる」「できない」など、いろいろな言葉で氷の結晶を作りました。その結果、ポジティブで美しい言葉を投げかけたものはバランスの取れた六角形を作り、ネガティブで汚い言葉は形にもならず、輝きもありませんでした。

私たち人間の身体は七〇パーセント以上が水でできていると言われています。だとするならば、「ありがとう」という言葉をいつも聞いている身体は、きれいな氷の結晶のように、調和がとれ、完璧なバランスをとることでしょう。反対に「ばかやろう」など、ネガティブな言葉を聞いている身体は、バランスを欠くことになるのではないでしょうか。自分が話した言葉を一番最初に聞くのは自分の身体です。他人に向けて言ったとしても、自分が一番近くでその言葉を聞いています。

そもそもどうして氷の結晶はあのように完璧な六角形をしているのでしょう。一つとして同じ形はありません。誰が、どこのどなたがそういうデザインを与えたのでしょう。神の働きだとしか考えられません。神は美しく調和のとれた水で六角形の美しい結晶をデザインされているのだと思います。

江本勝さんのこの本によって、私は「ありがとう」が持つすごい力を改めて知ることができました。「ありがとう」というポジティブできれいな言葉が心地いいということは感覚として感じていましたが、江本勝さんはその心地よい感覚を目に見える形で表現されたのです。「ありがとう」という言葉がいかに大切かを考える上で、私に大きな確信と自信を与えてくれたのでした。

ありがとうの伝道師（小林正観さん）

「ありがとう」の持つ大きな力にいち早く気づき、世の中に、ものの見方や、宇宙の法則を提案し続けた小林正観さんは、私たちがよりよく生きるための具体的な方法をたくさん示してくださいました。その数々は私の心にも深く残りました。

正観さんは、朝一番、「ありがとう」という言葉を口にすると、脳が一日中その現象を探そうとすることに気付きました。

朝起きて、「ありがとう。ありがとう」と一〇〇回言ったとします。すると脳は一時的に不安定な状態になります。「ありがとう」と言いたくなる現象が起きているわけではないのにどうして「ありがとう」なのか、わからなくなるためです。そこで脳は、「ありがとう」の理由をあれこれ探し始めます。気が付くと「今日もお天気が良くて嬉しい。ありがとう」「朝ごはんがおいしい。ありがとう」と、一〇〇個ぐらいの「ありがとう」の理由を突き止めます。

反対に、「つらい」「めんどくさい」「悲しい」「つまらない」「嫌だな」など、ネガティブな言葉を口にすると、脳はその言葉に合致する現実を探します。

「わー。今日は雲ひとつ出ていない。昼間は暑くなるだろうな。いやだな」「朝ごはんの味噌汁はわかめがよかったのに、また豆腐だ……」などと、「嫌だな」の原因を探すのです。

「ありがとう」と言いたくなる現象が起きていなくても、「ありがとう」という言葉を口にすると、脳は一日中ありがたい状況を探し、「ありがとう」に満ちた一日を過ごすことができるでしょう、と。

正観さんはこうもおっしゃいます。

実は神様は、「喜ばれると嬉しい」というエネルギーだけの存在ですと。そこで神様は「その人がいつも言っている言葉」が「その人が言いたい言葉なのだろう」ととらえ、「もっとたくさん言わせてあげよう」とします。不平不満、愚痴、泣き言、悪口、文句などをいつも口にしていると、神様は、「この人は『つらい』『悲しい』『つまらない』という言葉が好きなようだ。もっと言わせてあげよう」と、当人に、つらい、悲しい、つまらないことを与えてくれます。言った言葉をまた言いたくなるように、神様がセットしてくださるらしいのです。どうやらそれはこの宇宙の普遍の法則のようだ、と正観さんは気付きました。

「神様は宇宙の法則にのっとってすべてを営んでおられます。人間的な感情など超越した存在ですから、怒って人に罰を与えたり、祟って償わせたり、そのようなことはなされません。あくまでも宇宙の法則にのっとって、否定的なことを言う人には否定的な現象が、肯定的なことを言う人には肯定的な現象が起きているにすぎないのです。神様にひれ伏したり、必要以上に信奉したりしなくても、日々『ありがとう』と口にするだけで、神様を味方につけることができます」（『神様を味方にする法則』マキノ出版）

正観さんの本にはそのように書いてありました。

「嬉しい」「楽しい」「幸せ」「愛している」「大好き」「ありがとう」「ツイてる」

正観さんが挙げたこの七つの「喜びの言葉」を、私は七福神ならぬ、「祝福神」と呼んでいます。正観さんの本を読んで、私はこれらの言葉を意識的に発するようになりました。神様は、ごく当たり前のように次々とこれらの言葉を言いたくなる状況を作ってくださることでしょう。

ツキを呼ぶ魔法の言葉（五日市剛さん）

工学博士の五日市剛さんは、学生時代、人生を変えるような不思議な体験をしました。五日市さんは大学院生だった二六歳のときにイスラエルへ一人旅立ちました。当時の五日市さんは、他人の欠点ばかりが目につき、いつもイライラしていたそうです。自分の不運を人のせいにしては当たり散らしていたのです。周りとうまくいくはずもなく、いつしか人間関係で行き詰まっていました。旅行はそんな現実からの逃避でした。

肝心のその旅行もトラブル続き。財布の紛失、詐欺被害、さらに数十年に一度という大寒波に見舞われたその日、泊まる宿が見つからないという事態になります。

「なんで俺だけいつもこんな目に遭うんだ。俺ほどツイてない奴はいない」。そう思ったとき、見知らぬおばあさんが近づいてきて「私の家に泊まりなさい」と優しく声をかけてくれました。

五日市さんはおばあさんの家に行き、温かいスープをいただきながら、おばあさんの身の上話に耳を傾けました。ひととおり身の上話が終わった後、おばあさんは、「ツキというのは本当にあるのよ。ツキを呼び込む魔法の言葉は二つあって、その言葉を唱えれば、誰でも簡単に手に入れることができるのよ」と言います。

五日市さんがその二つの言葉を尋ねると、

「それはね、『ありがとう』。それに、『感謝します』、この二つよ。嫌なことがあったら『ありがとう』。いいことがあったら『感謝します』と口にすれば、さらに効果がありますよ」と言うのです。嫌なことが起こると、人は嫌なことを考えます。するとまた嫌なことが起こる。「ありがとう」はその連鎖を断ち切るというのです。

さらにおばあさんは、「汚い言葉」は絶対に口にしてはいけないとも教えてくれました。汚い言葉を使うと、その言葉どおりになるというのです。同じように、「怒り」は、それまで積み重ねてきたツキが帳消しになってしまうとも言いました。

帰国した五日市さんは、おばあさんの言うとおり、魔法の言葉を意識して言うようになり、汚い言葉を使わないようにしました。すると、あれほど目についていた他人の欠点が気にならなくなり、むしろ長所だとさえ思えるようになりました。

気が付くと、五日市さんは協力者や理解者に囲まれていました。進まなかった研究活動が好転し、人生が快調に滑り出し、材料工学の分野で工学博士号を取ることができたのです。大学院修了後は一流企業に就職し、理想的な結婚相手にも巡り合いました。不運続きだった五日市さんの人生が、魔法の言葉を唱えただけで「ツイてる」人生に一転してしまったのです。

そんな五日市さんがご自分の体験談を皆に話しているうちに、『ツキを呼ぶ「魔法の言葉」』（マキノ出版）という小冊子ができ、それが人から人へと伝わり、口コミだけで一〇〇万部以上売れたそうです。以前、五日市さんがサンフランシスコに住む日本人グループに招待され、こちらに講演にいらした際に、私も直接お話しする機会をいただきました。五日市さんのお話によって、私はさらに一層「ありがとう」の力を確信したのでした。五日市さんは、その魔法の言葉を実践している方々から、「営業成績が伸びました」「宝くじに当たりました」など、驚くような体験の報告をいただいているそうです。

五日市さんはこう言っています。

「プラスの言葉は魔法となって、すてきな出来事を体験させてくれます。すてきな出来事に感謝、素晴らしい運命に感謝しましょう。もし最愛の人を亡くしたら『ありがとう』。交通事故に遭っても『ありがとう』です。まだ起こってもいない未来に対して不安がったり、心配したりするのはやめましょう」

私も、大切な人を亡くしたとき、「ありがとう」の言葉に救われました。悲しい出来事を前に「ありがとう」とは、なかなか言いにくいかもしれませんが、日々意識して、嫌なことがあったら「ありがとう」、いいことがあったら「感謝します」を実践しておくことが大切だと思います。私は、五日市さんのお話からも、「ありがとう」という言葉の大きな力を確信することができました。

余命一か月と告げられた主婦（工藤房美さん）

工藤房美さんとのご縁は、私にとって感動的な連鎖の結果でした。偶然が偶然を呼び、いま思い返してみても、神様がご縁をつなげてくださったとしか思えないような展開だったのです。

金光教学院の同期生で、東京の金光教大崎教会の田中元雄先生がガン治療で入院中、一冊の本と出会いました。『遺伝子スイッチ・オンの奇跡』（風雲舎）という本です。その本を読み感動した田中先生は、退院後、すぐその内容をまとめて金光教会の「ニュースレター」に記事を書き、それをサンフランシスコの私に届けてくださったのです。私も一読し、その内容に感動し、さらにそれを英訳し、「ニュースレター」にしてアメリカ各地に送りました。それが金光教シカゴ教会の竹内正教先生の手に届き、竹内先生はそれを、友人の熊本県苓北《れいほく》教会教会長の末永道彦先生に送ります。末永先生もまた同じようにその内容に感動し、工藤房美さんに会ってみたいと思ったのです。調べてみると、工藤さんは同じ熊本県に住んでいることがわかりました。末永先生は早速、工藤さんに会いに行きました。

数か月後、私宛にシカゴ教会の竹内先生から一枚のCDが届きました。末永先生が工藤さんに金光教合楽《あいらく》教会での講演を依頼し、なんとCDにはその講演内容が収録されていたのです。

工藤さん本人の口から語られるその内容に、私はとても感動しました。すごい内容です。これを聞いたからには、ぜひ工藤さんをサンフランシスコに招待して、講演してもらいたいと思いました。

たまたま二〇一六(平成二八)年、金光教本部で国際集会が催されることになり、私は参加するため帰国していました。国際集会が行われる前日に、なんと工藤さんが本部近くの金光教乙島《おとしま》教会で講演する予定であることを知ったのです。小躍りしました。その日、予定はゼロです。工藤さんに直接お会いして、正式にサンフランシスコで講演していただけるようお願いしよう、そう決心しました。

講演会場となった乙島教会には、工藤さんのお話を聞こうとたくさんの人が詰めかけていました。私は一番前の席に座り、工藤さんのお話に身を入れて拝聴しました。ガンの告知を受けた日のことから始まったお話は、壮絶な治療体験へと進みました。どれほどの苦痛、不安、絶望だったろうかと、みんな息をのんで聞いています。しかし工藤さんのお話は単なるガンの闘病体験ではありませんでした。そこには、究極の「ありがとう」の物語があったのです。

遺伝子を目覚めさせる言葉

およそ一〇年前。四八歳だった工藤さんは突然職場で具合が悪くなり、病院に担ぎ込まれました。検査の結果、かなり進行した子宮頸ガンとわかりました。すぐ手術することになり、病院の手術スケジュールに強引に予定を入れてもらい、その日を待ちました。育ち盛りの三人の息子それぞれに、これでお別れになるかもしれないという思いや愛《いと》しい気持ちを手紙に託して渡しました。

いよいよ明日が手術という日の夜、執刀医が病室に来てこう言います。「あまりにも進行していて手術することができません」。工藤さんは愕然とします。手術に望みを託していたのに、手の打ちようがないなんて……。

検査の際に血管を傷つけてひどい出血が続いたので、とりあえず放射線治療で出血を止め、その後「ラルス」という痛くて辛い治療を三回しましょうとなりました。放射線治療は毎日一分、三〇日。最初は痛くもかゆくもありませんでしたが、二五日を過ぎたあたりから患部の皮膚がやけどを負ったように変化し、下着が触れただけでも痛むようになりました。それでもどうにか終了し、あとは「ラルス」という治療三回だけとなりました。

ところが「ラルス」治療の苦しみは想像を絶するものでした。身体をクルグル巻きに固定され、口にタオルを押し込まれ、麻酔なしで直接子宮に治療を施すのです。器具の設置、治療、器具の取り外しに三時間かかりました。その間一ミリも動くことは許されず、強烈な痛みにただ耐えるしかないのです。「助けて……」と叫びたくても口の中に押し込まれたタオルがその声を吸収してしまいます。治療が終わっても、痛さと恐怖で身体は硬直していました。その夜は「どうしてガンになんかなったんだろう」と自分を責め続け、一晩中泣きました。もうこの人生は終わったと感じていました。

次回の「ラルス」治療日が恐怖で、心底震えていました。

「ラルス」治療二回目の前日、知り合いから本が届きました。筑波大学名誉教授・村上和雄先生が書かれた『生命《いのち》の暗号』（サンマーク出版）という本です。遺伝子について書かれた本でした。そこにはこう書かれていました。「人体のDNAのうち、実際に働いているのはわずか五パーセント。その他の部分は〈オフ〉になっている」と。

それを読んだとき、工藤さんは、「それなら、眠っている九五パーセントのうち、一パーセントでも目覚めて〈オン〉になれば、今より少し元気になるかもしれない……！」と思いつきました。その発見に、「ばんざーい。人間に生まれてよかった！」と叫んでいました。眠っている九五パーセントのDNAが目覚めることに、希望を託したのです。

さらに本には「人が誕生してくる確率は七〇兆分の一である」とありました。自分がそんな驚異的な確率をくぐり抜けて誕生したのだと思うと、嬉しくて仕方ありませんでした。自分も、三人の子どもも、日本中の人も、世界中の人もみんなそうだったんだ。そう思うと嬉しくて、地球上に生きているすべての人が愛おしくてたまらなくなりました。涙が溢れました。その嬉し涙をぬぐいもせず、「地球に生まれてこれてよかったね。ありがとう。ありがとう」と繰り返しながら、気が付くと、工藤さんは地球から飛び出し、宇宙空間で地球を抱きしめていました。

自分が七〇兆分の一の確率で生まれてきたということを知った以上、絶望してなどいられません。自分を支えてくれた大切な細胞の一つひとつにお礼を言おうと思ったのです。身体にある六〇兆個の細胞一つひとつに「ありがとう」とお礼を言い始めました。

迎えた二回目の「ラルス」。

どうしたことか、まったく痛みを感じないのです。なぜ？　ありえないことです。その後も毎日、ずっと細胞に「ありがとう」を言い続けました。ガン細胞にも、これまで私を支えてくれてありがとうとお礼を言いました。一か月後、なんとあれだけ状態の悪かった子宮のガンがきれいになっていたのです。

喜びも束の間、肺と肝臓に転移していることがわかりました。余命は一か月と告げられました。もうあんな治療なんてしたくない。家族のそばにいたい——そう思いました。しかし医者からの強い勧めで抗ガン剤治療をすることになりました。

しばらく自宅療養です。抗ガン剤で髪がゴソッと抜けました。抜けた一〇万本の髪の毛にもお礼を言わなければなりません。ちゃんとお礼を言ってから捨てようと、家族が寝静まった真夜中、拾い集めた髪の毛一本一本に「ありがとう」と言っていると、不思議なことが起きました。

「ありがとう」と口にすると、ありがたい気持ちが降ってくるのです。「ありがとう」と言えば言うほどありがたい気持ちが降ってきて、雪のように心にふんわり積もるのです。積もり積もったありがたい気持ちはいつしか溢れ出し、自分がガンで、一か月もない命だということが、もうどうでもいい些細なことのように思われるのです。ありがとう、ありがとうという気持ちで心が満たされ、幸せを感じていました。なぜか喜びの涙があとからあとから頬を伝って流れ落ちました。

そのとき突然、高校二年生だった次男が洗面所のドアを開けました。髪の毛を握りしめ泣いている、髪の毛一本もない母の姿を見たのです。次男はこう言いました。

「かあさん、この特別な状況を楽しまなんよ（楽しまないとね）」

びっくりしました。想像もしなかった息子からの励ましの言葉です。

そのとき工藤さんは、これまでの人生で、自分自身を楽しませるという選択肢はなかったことに初めて気が付きました。そうだ、七〇兆分の一の確率で生まれてきたこの貴重な人生を楽しもう。そう思いました。その瞬間、眠っていた遺伝子のスイッチが音を立てて入ったように思いました。

それからはすべてに感謝して楽しみました。次男がアルバイトで貯めたお金でカツラを買ってくれました。それをかぶっていろいろなところに出かけました。友だちに会いに行き、してみたかったことを思う存分してみました。毎朝朝日を浴びました。朝、目が覚めると「神様。七〇兆分の一の奇跡で今日も生かされています。ありがとうございます」と言って朝日の中に飛び出しました。一瞬一瞬を気分よく、ご機嫌で過ごしたのです。

そんなある朝、朝日を浴びていると、「ああ、気持ちいい」と感じました。明らかに自分の身体に変化が起きています。病院に行って検査しました。ガンは跡形もなくなっていました。すっかりきれいな元の健康な身体に戻っていたのです。医者は「こんなことはありえない」と言いました。ガン告知から一〇か月目のことでした。

生かされていることに感謝し、自分の身体に「ありがとう」とお礼を言い、毎日ワクワク楽しく過ごすことで、眠っていた遺伝子が目を覚まし、遺伝子本来の仕事である「この身体を健康に生かすための活動」に加わったのだ、と工藤さんは確信しました。それからは「遺伝子が喜ぶ生き方」を日々実践しています。

講演の最後に工藤さんは、「これは私にだけ起こった奇跡ではありません。七〇兆分の一の奇跡でこの世に生まれてきた皆さんも奇跡の存在です。その奇跡の存在である私たちに、できないことは何もないのです。願えば必ず叶います」とおっしゃいました。

感謝することやワクワク楽しむことが、人生において大切なことだということは、私の七二年の人生の中で学んできたことです。長い間、金光教で「和賀心」を追求してきました。それが工藤さんのお話を聞いて、一気に納得のいくものとなりました。「和賀心」でいることが眠っている遺伝子をスイッチ・オンにするというのです。

筑波大学名誉教授の村上和雄先生は遺伝子工学の第一人者です。工藤さんは村上先生が書かれた『生命の暗号』を読み、そこに書かれてあったことに感動し、希望を見出しました。

村上先生は、

○感謝する
○笑う
○祈る
○プラス思考で考える
○自分を信じる
○感動しワクワクする

など、遺伝子をスイッチ・オンする方法を挙げています。これは金光教で日々実践してきたこととピッタリ符合するのです。

生きる目的を見つけるために金光教で修行を始めた私は、金光学院で病気になり、「ありがとう」と唱え、「ワッハッハー」と笑う稽古を始めました。そうして病気を克服したのです。「一日一〇〇回ありがとう運動」を実践し、ありがとう道という「ありがとう」の稽古を積んでいます。神に祈り、「取次」をし、世の人々と地球のために役立とうと努力しています。「難はおかげ」という考え方のもと、プラス思考で考えるようになり、やってくる難儀にも感謝するようになりました。

自分の道を求めて、手探りでこのような生き方になりましたが、金光教と共に生きたこの道こそが、遺伝子をスイッチ・オンさせる生き方であることがわかったのです。科学者である村上先生が長年研究されたことを、工藤さんがガンを克服することで立証したように、「和賀心」の生き方こそ、遺伝子スイッチ・オンの生き方に通じると私は感じました。

私は驚き歓喜しました。私たちが行なってきたこと、布教してきた金光教の教義が、科学的に証明されたという喜びでいっぱいでした。工藤さんとの出会いが私たちにさらなる確信を与えてくださったのです。

（結びに）
今この時を生きる

私はこれまでたくさんの経験をしてきました。苦しかったこと、嬉しかったこと、良かったこと、悪かったこと、失敗したり、後悔したり、悩んだり――。そうした過去に基づいて、今を判断し、生きています。過去に経験したことが今に大きく影響しています。

過去を変えることはできません。過去を悔やんで苦しみ続けるか、また、過去の過ちを繰り返さないように生かすかは、今の心次第です。また、起こっていない未来のことをどうすることもできません。変えることができるのは「今」だけです。今が助かれば、過去も将来も同時に助かる。私はそう思います。

過去の過ちを今に生かす。

そうして今を生きていれば、その後の人生の先には後悔のない未来が待っていることでしょう。今の一瞬一瞬が幸せならば、過去も未来も同時に幸せなのです。今の心の状態が、過去と未来を変えるのです。人生は一瞬一瞬の積み重ねです。今を大切に生きること。今に焦点を当てること。そこがとても大切だと思います。

「今月今日でたのめい」

金光教の信心の目当てである『天地書附』にも、今この時を大切にするよう説かれています。未来を案じて今を台なしにしないよう、過去を悔いて本当の自分の価値を見失わないよう、今、この瞬間を生きよう。

そう決めてから、私は肩の荷が降りたように楽になりました。今この瞬間に焦点を合わせることができるようになったのです。その「今」に感謝すれば、一瞬一瞬、感謝の心で過ごすことができます。

二〇歳の青年が神戸タワーの下で、自らの臨終の姿を見せられてからもう五〇年余りの月日が流れました。その間、どうすれば魂が満足する生き方ができるのだろうかと探してきました。まだ答えのすべてがわかったわけではありません。私の人生は今なお続いていくのですから。臨終の瞬間に後悔しないよう、私は今を一生懸命生きています。

考えてみると、私の人生に起こった様々な出来事は、今の生き方に至る必然のプロセスでした。一つとして無駄なことはありませんでした。その時々で自分を見つめ、心の声に従って進むべき道を選択してきました。

心の声はいつでも、魂が喜ぶ生き方を選択したようです。魂から見た「幸福」は、物質的な豊かさや、地位や名誉ではありませんでした。魂が磨かれ、向上することです。そのため難儀が必要とあれば、それを体験しました。それゆえ「難はみかげ」なのです。難儀が生じているときは魂が磨かれているときなのでしょう。難儀から逃げず、真心でそこから助かりを求めていく、諦めない気持ちが大切だと思います。難儀は「有難い」のです。難が有ることが「有難い」のです。

そうして青年は生きてきました。

臨終の床で後悔することはもうないでしょう。

生と死は対極にある同一のもの。生死一如です。どう生きるかで、どう死ぬかが決まるものと思います。

日本で最初に人間ドックを開設され、終末医療の普及や「成人病」に代わる「生活習慣病」という言葉を提言するなど、医学・看護教育の改革に尽力したことで知られる日野原重明氏は、一〇〇歳で現役の医者として活躍されていましたが、次のような言葉を残しています。

「年を取ること自体が未知の世界。死に一歩足を踏み入れていくことで、こんな楽しい冒険はない」

教祖金光大神様もまた、

「人間は万物の霊長であるから、死んだ後、神にまつられ、神になることを楽しみに信心せよ」

と言われました。

今の私は信じた道を突き進んでいます。

かつてのように臨終に際して後悔するのではないかと怯えることはありません。自分で信じた道を行けば、その先に待っている「死」もまた、満ち足りた気持ちと共にあるはずです。心の声がそう言っています。神戸タワーの下であの声を聞いて以来、ずっとその声に導かれてここまでやってきました。

わが人生をつづめて言うと、感謝のない人間が感謝を学んだ人生でした。

感謝はいたるところにあるとわかりました。世の中すべてが感謝でできていて、感謝がないところなどないと知りました。私たちは、感謝しても、し足りないほどの恩恵を受けています。その一つひとつに「ありがとう」と言っていたら、短い一生では時間が足りません。「ありがとう」と言うのが精いっぱいで、不足不満を言う暇もありません。世の中の人がそのことに気付き、感謝し、互いの幸せを祈り合う世の中になるよう、これからの人生も「ありがとう」の稽古を続けたいと念じています。

この本を手に取っていただき、ありがとうございます。最後まで読んでいただき、ありがとうございます。このご縁に、心から感謝いたします。

最後になりましたが、「オマージュ」をお寄せくださいました江田道孝先生、ライターの木下供美さん、そのほか多くの協力者の方々に厚く御礼申し上げます。

ありがとうございます。

川初正人（かわはつ・まさと）
1946（昭和21）年９月７日山口県防府市に生まれる。その後、父が始めた金光教中島教会（瀬戸内海・中島）に移り住む。1964年海上自衛隊呉教育隊に入隊。遠洋航海の一員に抜擢されるも、感ずるところを得て依願退職。中島教会に戻り、金光教教師の資格を取得。71年12月サンフランシスコ教会に赴任。73年ハワイ・ワイパフ教会長。82年再びサンフランシスコ教会へ。89年サンフランシスコ教会長。95年日米宗教連盟会長に就任。現在、サンフランシスコ教会長老教師、南サンフランシスコ金光教布教所センター長。
この間、武道クラブ、書道教室などを主宰。「１日100回ありがとう運動」「地球を助けましょう運動」を推進。ゴミ拾い、タバコの吸い殻回収などで、2018年サンフランシスコ市から表彰さる。著書に、『ゴールデンライト（金光）を全世界に』（日本語版。発行/牟田満正金光教門司港教会長）『１滴の水』『永遠の旅路』（いずれも英語版）など。
1624 Laguna St. San Francisco Ca. 94115　Mkawahatsu97@hotmail.com

1日《いちにち》100回《かい》ありがとう
初刷　２０１８年８月６日
著者　川《かわ》初《はつ》正《まさ》人《と》
発行人　山平松生
発行所　株式会社　風雲舎
〒１６２－０８０５　東京都新宿区矢来町１２２　矢来第二ビル
電話　〇三－三二六九－一五一五（代）
ＦＡＸ　〇三－三二六九－一六〇六
振替　〇〇一六〇－一－七二七七七六
URL　http://www.fuun-sha.co.jp/
E-mail　mail@fuun-sha.co.jp
ＤＴＰ　中井正裕
印刷　真生印刷株式会社
製本　株式会社　難波製本
落丁・乱丁本はお取り替えいたします。（検印廃止）
©Masato Kawahatsu　2018　Printed in Japan
ＩＳＢＮ９７８－４－９３８９３９－９３－９

風雲舎の本

釈迦の教えは「感謝」だった

——悩み・苦しみをゼロにする方法

小林正観

「般若心経」は難しくない。
「苦とは、思いどおりにならないこと」と解釈すれば、ほんとうは簡単なことを言っている、それがわかります。

四六判並製◎［本体1429円＋税］

遺稿 淡々と生きる

人生のシナリオは決まっているから

小林正観

「ああ、自分はまだまだだった……」。天皇が元旦に祈る言葉と、正岡子規が病床で発した言葉は、死と向き合う著者に衝撃を与えた。そこから到達した「友人知人の病苦を肩代わりする」という新境地。澄み切ったラストメッセージ。

四六判並製◎［本体1429円＋税］

遺伝子スイッチ・オンの奇跡

——「ありがとう」を10万回唱えたらガンが消えました！

（余命一ヵ月と告げられた主婦）工藤房美

「きみはガンだよ」と宣告されました。進行が速く手術はムリ。放射線治療、抗ガン剤治療を受けますが、肺と肝臓に転移が見つかり、とうとう「余命1ヵ月です」と告げられます。著者はどうしたか……？

四六判並製◎［本体1400円＋税］

この素晴らしき「気」の世界

——気と繋がる、あなたは今を超える

清水義久（語り）
山崎佐弓（聞き書き）

気を読み、気を動かし、事象を変える。
気の向こうに精霊が舞い降りる、新進気功家の「気」の世界。

四六判並製◎［本体1600円＋税］

あなたは私　私はあなた

（この素晴らしき「気」の世界②）

——みんな繋がっている

清水義久（語り）
山崎佐弓（聞き書き）

あなたが苦しんでいると、私も苦しい。
あなたが楽しいと、私も楽しい。
あなたは私、私はあなた。みんな繋がっている。

四六判並製◎［本体1600円＋税］

ぼくはエネルギー体です

（天の声を聴く詩人）神原康弥

動けない。しゃべれない。
でも、妖精や精霊と話せるし、天の声も聴こえる。

四六判並製◎［本体1400円＋税］